本书系北京城市治理研究基地和“1138”工程项目阶

大学科研启动基金项目（项目代码：110051360002）

# 新兴市场跨国公司在发达市场并购后的整合

# POST-MERGER INTEGRATION OF EMERGING-MARKET MULTINATIONALS IN DEVELOPED MARKETS

杨亚男 著

**图书在版编目（CIP）数据**

新兴市场跨国公司在发达市场并购后的整合 / 杨亚男著 .—北京：经济管理出版社，2023.2
ISBN 978-7-5096-8937-0

Ⅰ. ①新… Ⅱ. ①杨… Ⅲ. ①跨国公司—企业兼并—研究—中国 Ⅳ. ① F279.247

中国国家版本馆 CIP 数据核字（2023）第 016038 号

组稿编辑：杨国强
责任编辑：杨国强
责任印制：黄章平
责任校对：董杉珊

出版发行：经济管理出版社
（北京市海淀区北蜂窝 8 号中雅大厦 A 座 11 层 100038）
网　　址：www.E-mp.com.cn
电　　话：（010）51915602
印　　刷：唐山玺诚印务有限公司
经　　销：新华书店
开　　本：710mm × 1000mm/16
印　　张：12. 5
字　　数：201 千字
版　　次：2023 年 2 月第 1 版　　2023 年 2 月第 1 次印刷
书　　号：ISBN 978-7-5096-8937-0
定　　价：98.00 元

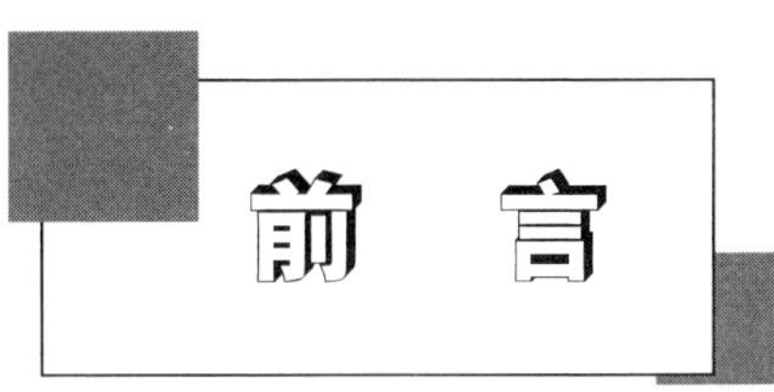

# 前　言

向发达市场发起并购以获取优质战略资源已经成为新兴市场的跨国企业国际化发展主要的境外投资方式。除收购动机问题和财务绩效问题外，新兴市场跨国公司在并购后对发达市场标的采用的独特的“母公司—海外子公司”联系机制也吸引了相当多的学术界和商业界专业人士。现有文献表明，大多数新兴市场的跨国企业偏好采用较低程度的保存模式或合作模式来整合发达市场标的公司的资源。什么因素会影响新兴市场跨国企业偏好这种低程度的整合模式？为什么？这种整合模式会随着时间的推移而被调整改变吗？如果改变了，什么因素会影响其整合模式的改变？为什么？这些问题都是目前学术界、商业界人士迫切想知道的问题。因此，本书以中国跨国企业在德国市场的并购后的整合为例，从过程视角分析新兴市场跨国公司在发达市场并购后所实施的整合模式以及影响因素的问题。本书考虑新兴市场跨国公司整合发达市场标的具体组织文化维度的影响；并且，收集和记录了由中国跨国公司在发达市场发起的至少四年间多阶段、动态的整合模式演变。本书有助于拓宽新兴市场跨国公司对发达市场标的企业整合管理的理论。

具体来看，本书着重解决了两个子问题：

第一，鉴于当前关于文化对并购后整合的影响的热议，本书讨论了在并购后新合并标的组织中，哪些具体的组织文化维度影响了新兴市场跨国公司对发达市场标的的整合程度。对于这个问题，本书采用问卷调查的方式，向 12 个中国跨国公司收购德国市场标的案例中的中国和德国管理人员及员工发放并收回问卷 67

份，通过 PCA 分析法提取影响中国跨国公司整合的主要组织文化维度，并用 Spearman 相关性进一步识别这些维度与中国跨国公司整合程度的相关性。本书认为，五个组织文化维度（即适应性、一致性、参与度、平衡性和灵活性）影响了中国跨国公司对德国标的企业的整合程度，其中，适应性是影响中国跨国公司整合程度的预测指标，具有显著的负相关性。

第二，本书认为应该进一步研究和明晰新兴市场跨国公司对发达市场标的企业的整合模式如何随着时间的推移而演变，以及为什么会发生如此演变的问题。对于这个问题，本书将时间因素纳入考虑范围，通过多案例研究法，考察了中国跨国企业在德国市场发起的 6 个收购案例。研究结果表明，随着整合时间的推移，中国跨国企业对德国标的企业采取整合模式的演化是一个分段线性过程：从收购后的第一年几乎没有整合，到第二、三年的中期阶段着重组织整合，以及从第四年开始的长期阶段的着重生产整合。具体来说，可能分为三个子演化方向：①“部分共生”和“部分吸收”的路径 A，“合作伙伴—组织优化—生产优化”，这是一个新的演化方向；②“完全保存”的路径 B，“保存—组织保存—生产保存”；③“全吸收”的路径 C，“保存—组织集中—生产混乱”。本书认为，“信息不对称”“不同规模标的企业的战略定位”和“新兴市场企业的动态能力”是影响新兴市场企业的整合模式演化的主要因素。

笔者衷心感谢本书调研中所有受访者对本书做出的努力以及北方工业大学对本研究项目的支持。由于笔者水平有限，编写时间仓促，所以书中的错误和不足之处在所难免，恳请广大读者批评指正。

杨直男

2022 年 4 月 30 日

# 目 录

就像迷你裙、迪斯科舞厅和反战示威一样，
企业并购是年代的时尚。

——Brockhaus，1975

# 第一章 绪论篇

## 第一节 新兴市场跨国公司的国际化

作为当前国际报纸头条广泛讨论的话题，来自新兴市场的跨国企业，即当前学术界所称的“新兴巨头”，正逐渐被视为全球对外直接投资领域的关键参与者（Franz 等，2017；Knoerich，2010；Lebedev 等，2015；Park 等，2018；赵凯、王健，2018）。受内部或外部地缘政治和经济条件的显著影响，例如，货币贬值或国内市场需求疲软，来自新兴经济体（例如，中国、印度、俄罗斯和东欧）跨国公司的数量正在显著增长（赵毅、乔朋华，2018；Park 等，2018）。尽管少数国家的逆全球化意向给全球经济带来了一些不确定性，例如，美国将重心转向美国国内，特朗普政府时期对维护未来全球化秩序的承诺减少，但大多数国家依然在协助国际化发展（李洪、叶广宇、赵文丽，2019）。1995～2017 年，《财富》世界 500 强中的新兴市场的跨国企业数量从 20 家上升到 164 家（吴先明，2019；Luo 和 Tung，2017）。120 多个新兴经济体正在从事对外直接投资，其中包括 30000 多家跨国企业，投资从 1985 年的约 10 亿美元增加到 2015 年的约 4090 亿美元（Chaisse，2017）。这些新兴巨头从根本上改变了对外直接投资的格局，并重新塑造了国际经济规则（王益民、梁枢、赵志彬，2017）。新兴市场的跨国企业极大地受益于国际经济的开放，似乎急于填补全球经济治理的空白（Park 等，2018）。与其他对外直接投资形式（如战略联盟和合资）相比，跨境并购被认为是对新兴市场的跨国企业最有吸引力的活动（Wu 等，2016；Zhang 等，2019）。特别是，中国已成为最大的对外直接投资国家，其跨境并购的数量，尤其是在西方发达市场的收购量，自 2010 年以来显著增加（Fuchs 和 Schalljo，2016）。

## 第二节　中国跨国公司在德国市场的并购

自 2008 年全球金融危机以来，中国跨国企业以德国市场为主要投资对象，开始稳步增加对德国市场的对外投资（杨勃、刘娟，2020；Giessner 等，2016；Hanemann 和 Huotari，2018；Hoffman，2013 ；Lebedev 等，2015）。为了获得德国市场的战略资产（例如，高端技术、知名品牌）和稳固的区域网络（例如，欧洲市场），大多数中国投资者选择收购而非绿地投资（即设立新子公司）作为他们在德国的投资模式（Weitschies，2019）。德国中小型企业是最受中国投资者欢迎的标的企业，这些企业通常拥有高尖端的技术和知名品牌，拥有完善的全球供应商和客户网络（杜健、周超，2018）。特别是，德国汽车和机械行业是对中国投资者最具吸引力的行业（Giessner 等，2016；Weitschies，2019）。这些特定行业领域的众多德国公司都具有国际竞争优势的高端技术（Fuchs 和 Schalljo，2016）。与此同时，中国投资者也是对于德国标的企业来说最有吸引力的买家（Weitschies，2019）。这些收购的发起对于中国买家来说主要是由其渴望发展的战略互补需求驱动，而对于德国卖家来说通常是因为德国卖家需要新的财务资金（Liu 和 Deng，2014；Meyer 等，2014；张明、蓝海林、曾萍，2019）。通过将中国低端产品和德国高端产品结合在一起，双方可以扩大彼此的产品范围，更容易进入对方的市场，以此扩大全球市场占有率（Knoerich，2010）。

一般来说，中国跨国企业在德国的绿地投资集中在德国重要的物流枢纽汉堡，而中国跨国企业在德国的收购主要流向鲁尔地区、大法兰克福地区以及巴登—符腾堡州和巴伐利亚州的一些地区（王娜、王永贵，2017）。其中，鲁尔区，尤其是杜塞尔多夫的大量中国侨民在服务于两国收购之间的个人联系中发挥了关键作用。在德国金融中心——法兰克福地区的收购主要受益于当地的中国协会、有利的航班连接以及众多位居当地的中资银行（Weitschies，2019）。而其他两个地区的吸引力则来自其杰出的机械工程产业和强大的区域经济（任鸽、陈伟宏、钟熙，2019）。2009 年以来，中国国有企业发起的投资份额下降，而中国私营企业的投资者开始主导在德国市场的投资（Weitschies，2019）。

一些研究文献系统地记录了中国跨国企业在德国市场收购后管理过程中出现的工人人权问题。顾慧莹、王小妹、姚铮（2017）发现，在以往的收购案例中，只有两个案例引发了德国员工的强烈抵制。而对德国员工失业或其权益侵犯的担忧大部分是由当地媒体的负面报道引起的（Franz 等，2017）。这些报道在中国跨国企业收购德国企业的早期案例中占据主导地位，但自 2010 年以来，其媒体报道慢慢变得偏向积极，以往的担忧被证明是夸大其词（张双鹏、周建，2018）。其他研究集中在德国管理人员对中国投资方的看法上。Fuchs 和 Schalljo（2016）发现，尽管对未来发展使命有着共同的看法，许多德国高管仍然倾向于通过争取更多的独立性和自主权而与中国投资者保持距离。Fuchs 和 Schalljo（2016）证实此现象并解释说，这可能深深植根于德国员工心中，中国投资者似乎扰乱了西方职场中的职业道德信念。德国经理人不得不忍受中国投资方不透明的“观望”策略，因此常常担心朦胧的未来（Fuchs 和 Schalljo，2016）。Si 和 Liefner（2014）认为，中国跨国企业收购后在对德国标的企业的管理中受到一些认知距离的抑制，例如，语言、商业规则或文化的差异。对于这些抑制，中国跨国公司通常缺乏相应的解决机制，例如，了解两种文化的合格人才。2016 年，中国跨国企业在德国市场的收购量超过了前几年的平均水平，达到了投资高峰（Musacchio 和 Lazzarini，2018；Rao–Nicholson 等，2016）。之后，德国政府就是否应该调整其对外贸易法以防止中国跨国公司的收购规模过于庞大以维护国家安全［例如，德国的技术诀窍、德国高科技产业（如机器人）］发生了一些讨论（Hanemann 和 Huotari，2018）。后来，尽管德国对外贸易法没有发生变化，但 2017 年中国跨国公司在德国市场的收购量有所下降，表明中国投资者对德国的投资环境感到紧张（胡杰、武韩丽，2017）。

## 第三节　并购后整合的两个问题

来自几个不同学科的研究新兴市场跨国企业的专家学者对新兴市场跨国企业的收购情况进行了研究（Birkinshaw 等，2000）。目前，已经确定了四个具有各自独特理论根源和中心假设的研究流派：资本市场 / 财务绩效学派、战略管理学派、组织行为学派和过程学派（刘林青、陈紫若，2020）。资本市场 / 财务绩效学派的关注点是财务绩效（如自由现金流或有效市场假设）为股东创造财富（Birkinshaw 等，2000）。例如，尽管新兴市场跨国企业的跨境并购数量急剧增加，但事实证明，它们的并购成功率很低（Hanemann 和 Huotari，2018；Zhou，2018）。Musacchio 和 Lazzarini（2018）指出，至少 50% 的新兴市场企业的跨境并购无法实现股东的预期标的企业，超过 80% 的被并购的企业在第一年绩效表现不佳。Liu 和 Woywode（2013）的研究结果支持了以上论点，中国跨国企业在德国市场的收购中，1/3 是灾难案例，1/3 仅实现了一般的协同效应，只有 1/3 是明星案例。相对而言，战略管理学派关注收购在单个公司层面的财富创造，这基于可以通过相关收购实现规模经济、范围经济和市场力量的中心命题（Birkinshaw 等，2000）。这可能涉及新兴市场跨国企业的收购动机，例如，发达市场的收购似乎是新兴市场跨国企业为获得发达市场特有资产的战略寻求行为结果（Zhang 等，2019）。而组织行为学派倾向于关注收购的人性方面（Birkinshaw 等，2000）。一些学者建立了文化适应理论以检验两种不同组织文化之间的强制互动所导致的行为变化（Janson，1994；Sales 和 Mirvis，1984）。例如，Roberts（1994）强调，如果标的企业的“强大文化”被有效地转移给收购方，这种情况可能会影响并购后的绩效（Birkinshaw 等，2000）。相比之下，过程学派的重点是收购方对并购后整合流程的引导行为，包括人 / 文化整合和任务 / 系统 / 操作整合，相比其他学派更全面、更适用（Birkinshaw 等，2000）。过程学派认为，潜在协同效应的实现和收购价值的创造完全取决于收购方以有效方式管理并购后整合流程的能力（Birkinshaw 等，2000；吴小节、陈小梅、谭晓霞，2020）。目前，过程学派中研究新兴市场的跨国企业的研究人员普遍认为，除少数新兴市场的跨国公司直接吸收其收购的发达市场标的公司资源外，大多数新兴市场的跨国企业更倾向于采用保留或合作等相对柔性的、较低程度的整合来利用它们所收购的发达市场的资源（Gomes 等，2011，2013；Kale 和 Singh，2012；Liu 和 Woywode，2013；Marchand，2017）。什么因素会影响新兴市场跨国企业更喜欢这种低整合程度的、看似放手式的整合方式？为什么？这种整合方式会随着整合时间的推移被调整改变吗？如果随着时间的推移改变了，什么因素会影响其整合模式的改变？为什么？这些问题都是目前学术界、商业界人士迫切想知道的、紧迫的问题。此外，一些假设仍处于理论阶段，来自实践的经验证据有限。因此，本书将通过调查中国跨国企业在德国市场并购之后对德国标的企业所实施的整合模式，试图阐明“新兴市场的跨国企业如何随着时间的推移演变其对发达市场标的企业的整合模式”的问题，以及“哪些因素会影响新兴市场跨国企业对发达市场标的企业的整合模式”的问题。

批判性地回顾了现有的相关文献，本书提出了两个子问题来检验现有的未经证实的理论假设，并试图进一步探索理论边界。

## 一、组织文化会影响新兴市场跨国企业对发达市场标的企业的整合程度吗

目前，学术界已经识别了影响新兴市场跨国企业对发达市场标的企业的整合程度的各种因素（Kale 和 Singh，2012；Liu 和 Woywode，2013；黄嫚丽、张明、皮圣雷等，2019；Ramamurti，2012；Sun，2018；魏炜、朱青元、林桂平，2017）。然而，理论空白仍然存在。研究人员假设文化（包括文化差异以及具体的国家和组织文化维度）可能会影响新兴市场跨国企业对发达市场标的企业的整合（Weber 等，2011）。其中，许多研究已经用经验证据检验了文化差异和具体国家文化维度的影响（Calori 等，1999；孟凡臣、赵中华，2018；Morosini 等，1998；Sarala，2010；许晖、单宇，2018）；然而，哪些具体的组织文化维度会影响新兴市场跨国企业对发达市场标的企业的整合程度似乎被忽视了。具体的组织文化维度对新兴市场跨国企业所要实施整合程度的影响研究仍然停留在理论假设阶段，缺乏实践经验证据的证实。在并购后新合并的组织中，哪些具体的组织文化维度会影响新兴市场跨国企业对发达市场的标的企业的整合程度？它们之间有什么相关性？这些问题仍不清楚，需要进一步验证。

因此，基于现有文献中所提及的“静态化”的（即未考虑时间因素）新兴市场跨国企业对其收购的发达市场标的企业的整合模式理论，本书专题篇第一节从组织文化视角，揭示哪些具体的组织文化维度对中国跨国企业对其收购的德国标的企业所实施的整合水平产生影响，由此补充了“文化层面对新兴市场的跨国企业整合模式的影响”的理论空白。此次调研共向 12 家中国跨国企业在德国市场收购案例中的中、德管理人员和员工发放了 120 份问卷。研究结果表明，中国跨国企业在德国市场收购后，对其德国标的企业所实施的整合水平主要受五个主要的组织文化维度（适应性、一致性、参与

性、平衡性和灵活性）影响。其中，适应性被认为是预测中国跨国企业将要实施的整合水平的预测因子，具有显著的负面影响。

## 二、新兴市场跨国企业对其收购的发达市场标的企业的整合之路将走向何方

目前，大多数早期研究都只是在静态概念层面对“是什么”的问题做出了贡献，即新兴市场跨国企业对发达市场标的企业的整合是什么样的特征或类型（Gomes 等，2011，2013；Kale 和 Singh，2012；Liu 和 Woywode，2013；徐雨森、王鑫，2018）。学者普遍认为，新兴市场跨国企业偏好对发达市场标的企业实施较为柔性的、较低程度的整合。然而，最近的研究质疑，当前确定的这种较低程度的整合可能只是新兴市场跨国企业在并购后的整合初期临时采取的模式，是一种静态快照，即这种低程度的整合模式并不能全面揭示新兴市场跨国企业对发达市场标的企业长期的整合过程（Sun，2018）。然而，受限于短暂的发达市场收购历史，很少有研究能够从长期的角度观察新兴市场跨国企业的整合模式的长期、动态的演变（王利平、呼睿颖，2021）。目前，仅有一些假设存在。然而，这些假设辩论仍然只有罕见的经验证据支持。据本书所知，只有 Marchand（2015）以经验证据描述了两种整合演变：新兴市场跨国企业可能会通过增多或减少活动协调以加强或削弱其整合初期所实施的较低程度的合作模式。然而，只有一项实证研究很难解释一个复杂的现象。对于新兴市场跨国企业对发达市场标的企业的整合，还有其他可能的演化方向吗？此外，正如 Marchand（2015）所说，他只专注于解释新兴市场跨国企业“如何”发展它们的整合模式，而不专注于解释“为什么”这种整合模式演变会发生。因此，“为什么”新兴市场的跨国企业随着时间的推移改变整合模式的问题仍然不清楚。新兴市场跨国企业对其收购的发达市场标的企业的整合之路将走向何方？这是一个值得研究的问题。

因此，本书专题篇第二节侧重于解决两个问题：随着时间的推移，新兴

市场的跨国企业对其收购的发达市场标的企业的整合模式将会“如何”和“为什么”会发生演化。此次研究从动态的角度揭示了中国跨国企业对其所收购的德国标的企业的整合在长期“如何”以及“为什么”演变（分为多个时间阶段），进一步扩展了新兴市场跨国企业在发达市场收购后整合的理论边界。与之前的研究假设和经验观察相比，本书发现了一个新的演化方向，即“部分共生”和“部分吸收”演化轨迹，这是之前的研究从未发现的演化轨迹。值得注意的是，本书还解决了“为什么”的问题：明确了影响新兴市场的跨国企业在不同的整合阶段整合模式演变的主要影响因素，并将动态能力视角作为影响因素纳入新兴市场跨国企业并购后的整合框架。此次调研共对来自 6 家中国跨国企业在德国市场的收购案例中的 21 名中德管理人员和员工进行了 25 次访谈。研究发现，中国跨国企业对其所收购的德国标的企业可能会采取分段的线性整合路径，从整合初期阶段的“几乎没有整合”（约在并购交易完成后的第一年）到中期的“组织整合”（在第二、三年），再到长期的“生产整合”（从第四年及以后）。这其中包含了三个子方向：“部分共生”和“部分吸收”的路径 A，即“合作伙伴—组织优化—生产优化”，“完全保存”的路径 B，即“保存—组织保存—生产保存”；“全吸收”的路径 C，即“保存—组织集中—生产混乱”。对于“为什么”的问题，即哪些因素影响了这些不同的演化轨迹，其中，整合初期的“几乎没有整合”主要受到“信息不对称”和“不同规模的标的企业的战略地位”的影响；中长期阶段不同的组织和生产整合程度主要受到中国跨国企业不同的动态能力（即“感知标的企业潜在风险和发展潜力的能力”，以及“利用标的企业资源的能力”）的影响。此外，中国跨国企业的“公司所有权”并未被发现是一个重要的影响因素。

总之，通过对以上两个子问题的研究，本书对现有的新兴市场的跨国企业在发达市场的整合理论进行了补充和扩展，共同回答了本书提出的一般性研究问题。

本书将按以下步骤进行：

第一章绪论篇，将为读者提供新兴市场跨国企业国际化现状概述，中国跨国企业在德国市场收购的概述，以及并购后整合面临的两个问题。

第二章理论篇，将讨论新兴市场跨国企业国际化相关理论，新兴市场跨国企业并购后整合的相关理论，以及影响因素相关理论现状。

第三章方法篇，将概述对两个子问题研究方法的考虑。

第四章专题篇，将对两个子问题进行专题介绍。第一节将介绍专题一“影响中国跨国企业整合德国标的企业的组织文化因素探究”，包括背景、详细的研究方法、研究结果以及讨论；第二节将介绍专题二“中国跨国企业整合德国标的企业的模式的动态演化及影响因素”，包括背景信息、研究方法、研究结果以及讨论。

第五章思考篇，将综合回答本书提出的总体研究问题，包括关于对总体问题的讨论、理论贡献、实践启示以及研究局限性和未来的研究方向。

# 第二章 理 论 篇

本章首先概述了新兴市场跨国公司国际化的理论研究，然后详细介绍了新兴市场跨国公司在发达市场收购标的企业后对其实施的整合模式的现有理论和已被识别的影响因素，以此作为本书中两次调研的研究基础。本章详细阐述了新兴市场跨国公司在发达市场收购后整合过程中的两个子问题："组织文化是影响因素吗？""新兴市场跨国公司对其收购发达市场标的企业后整合之路通向何方？"以突出本书力求填补的理论空白。

## 第一节 新兴市场跨国公司国际化理论

21 世纪初期，新兴经济体（例如，中国、印度、俄罗斯、东欧、拉丁美洲）的跨境并购数量显著增加（姚小涛、王勇、刘瑞禹，2021；Park 等，2018），来自新兴经济体的收购方开始在全球并购领域大放异彩，这促使学术界一些学者认为第五次国际化浪潮已经开始（Dawes，2008；Knoerich，2010；崔连广、冯永春、苏萌萌，2019；Wang 等，2014）。Ramamurti（2012）认为，新兴市场国家已经从以前的对外直接投资的接受者转变为继美国、欧洲和日本之后的外国投资的发送者。美国收购方是前三轮全球收购浪潮中的主要参与者，而欧洲和日本的收购方主导了第四轮全球收购浪潮（Kumar，

2009；Park 等，2018；汪涛、陆雨心、金珞欣，2018）。与早期来自发达市场的跨国公司投资地位相同或较低的接收国相比，来自新兴市场的跨国公司针对发达国家企业的投资数量正在上升（Weitschies，2019）。因此，专注于发达市场的跨国公司国际化的传统理论共识的有效性开始受到质疑（姚小涛、王勇、刘瑞禹，2021）。人们越来越担心这些传统共识的空间和时间过程的不完整覆盖（Alaaraj 等，2018；Cirjevskis，2017；陈其齐、史轩亚、杜义飞、薛敏，2021；Li，2007）。

在传统的理论共识中，长期以来，Dunning（1995）的 OLI 范式（Ownership-Location-Internalization）（即所有权—区位—内部化）对解释发达市场跨国公司的国际化具有至关重要的意义。Dunning（1995）的 OLI 范式强调了发达市场跨国公司国际化的三个基本优势：所有权优势是将跨国公司的专有资产扩展到东道国市场的先决条件；区位优势是指特定外商直接投资地点的区位吸引力；内部化优势可以将分散在众多边界的活动内部化，以建立规模经济。然而，OLI 范式尽管解决了战略联盟影响等各种国际化问题，但依然有人批评 OLI 范式只能在一定范围内解释新兴市场跨国公司的国际化（Li，2003，2007；黄嫚丽、张钺、李静，2020；Mathew，2006）。此批评问题围绕着新兴市场跨国公司明显缺乏所有权优势而论（Luo 和 Tung，2007；黄嫚丽、张慧如、刘朔，2017）。OLI 范式主要强调降低交易成本和风险，通过内部化利用事前优势将跨国公司现有的内部优势应用于东道国市场（即资产开发）（Dunning，1995）。相比之下，新兴市场跨国公司的技术能力和品牌实力明显不如它们收购的发达市场的标的企业（Mathews，2006；Meyer 等，2014；Schweizer，2005；Zahra 等，2006）。与来自发达市场的跨国先行者有意发挥其事前优势不同，这些来自新兴经济体的后来者强调提升交易价值和事后探索新资源（如劣势勘探、杠杆勘探、合作勘探）（王庆德、乔夫，2017）。这些后来者主要将国际化视为一种资产寻求手段，以开拓海外资源，克服国内劣势（周常宝、王洪梁、林润辉、冯志红、李康宏，

2020)。从这个意义上来说，所有权优势可能是新兴市场跨国公司国际化的战略标的企业或动机，而不是先决条件（王弘书、周绍杰、施新伟、胡鞍钢，2021）。

因此，来自新兴经济体的企业对外投资数量的显著增长促成了新的解释范式的出现（Alaaraj 等，2018；Deng 等，2018；李善民、公淑玉、庄明明，2019）。著名的新兴市场跨国公司的国际化理论以 Mathew（2006）L-L-L 范式（Linkage-leverage-Learning）（即联动—杠杆—学习）及 Luo 和 Tung（2007）的跳板视角为代表。Mathew（2006）特别针对新兴市场跨国公司的快速国际化增长进行了解释，他指出：在所有权“劣势”的驱动下，新兴市场跨国公司通过投资首先与发达市场的标的企业建立联系，然后反复利用和学习扩大其国际化，从发达市场的标的企业那里建立自己的公司特有的优势。因此，Mathew 强调了网络和学习在新兴市场跨国公司国际化中的作用，并由此驳斥了 Dunning（1995）的 OLI 范式：公司的国际化可能并不总是局限于其自身的竞争优势。一个著名的力图解释新兴市场跨国公司国际化的概念是 Luo 和 Tung（2007）提出的跳板观点。在这个概念中，来自新兴市场的跨国企业利用跨境并购作为“跳板”来寻求战略资产、克服国内落后的限制，加强本土能力组合，并通过并购绕过贸易壁垒进入先进市场（胡杰、武韩丽，2017）。与其他投资于发展中市场寻求天然或廉价劳动力资源的新兴市场跨国企业相比，投资于发达市场的新兴市场跨国企业更注重战略性资产寻求（Luo 和 Tung，2017）。这种灵活的跳板使新兴市场跨国公司能够从发达市场中获取关键资产（例如，全球市场、技术知识、品牌），并增强其大规模制造能力（孟凡臣、赵中华，2018）。这些新兴市场跨国公司有意识地将上升螺旋式的跳板行动设计为长期的、系统的计划，能够更好地装备自己的能力以超越全球对手，提升自己的全球竞争地位，在全球舞台上跃上新的高度（崔永梅、李瑞、曾德麟，2021）。

# 第二节　新兴市场跨国公司并购后整合理论

新兴市场跨国公司的国际化理论虽然揭示了新兴市场跨国公司快速高端国际化发展的独特动机，但未能阐明其国内基地与外部扩张的联动机制和过程（Shaukat 等，2016；李田、刘阳春、毛蕴诗，2017）。新兴市场跨国公司的国际化既不是线性的也不是无缝的，而是遇到了巨大的障碍（van den Oever 和 Martin，2018）。国际化的成功跨越需要强大的跨境编排能力，而作为国际化途径的一种，跨国并购收益需要由编排整合系统支撑和培育（许晖、张超敏、单宇，2020）。这对于总部和全球子公司内分散的运营活动的商业生态系统的整合至关重要（Weitschies，2019）。然而，在这些方面，许多新兴市场跨国公司实际上并不具备天赋（van den Oever 和 Martin，2018）。人们普遍认为，新兴市场跨国公司应该从具有丰富整合经验的发达市场跨国公司所发起的跨国并购整合案例中吸取经验和教训（Angwin 和 Meadows，2015；Chen 等，2016；Cogman 和 Tan，2010）。然而，新兴市场跨国公司却创建了其独特的“本土—东道主”联系机制来协调其国际业务并刺激其全球扩张（吴先明，2019）。新兴跨国公司独特的发达市场整合模式被认为超越了早期对发达市场跨国公司的并购后整合案例的研究界限，挑战了传统的整合管理智慧（杜健、郑秋霞、郭斌，2020；吴小节、谭晓霞、汪秀琼、邓平，2019）。

对于并购方跨境并购后对标的企业实施的整合模式，以往文献进行了大量多方面的研究。从文化整合视角，组织行为学派的传统学者提出了多种文化整合模式。例如，Nahavandi 和 Malekzaden（1988）着眼于文化压力，提出了 4 种文化整合模式（即分离、同化、整合和退化）。从文化变革视角，

Mirvis 和 Marks（2011）强调了 5 种文化整合模式（保存、吸收、转化、反向收购和两者兼而有之）。然而，正如上面提到的，这些流派的研究焦点是人或文化。相比之下，从整合过程视角，过程学派的研究提出了基于早期发达国家的跨国公司所实施的跨境收购后的各种整合模式。其中，Haspeslagh 和 Jemison（1991）所研究出的整合框架最受欢迎，得到了学术界的高度认可。收购方在选择整合类型时，应考虑对两个维度的需求性："战略依存需求度"和"组织自主权需求度"。基于这两个维度，Haspeslagh 和 Jemison（1991）建立了四种理想的整合模式（见图 2-1）。

第一种：吸收模式是最大程度的整合，意味着快速、显著地将标的公司的结构和系统与收购方的集团一致化，将标的企业体系吸纳进母公司集团体系中。大多数发达市场跨国公司主要使用这种模式来快速利用其收购的全球资产。

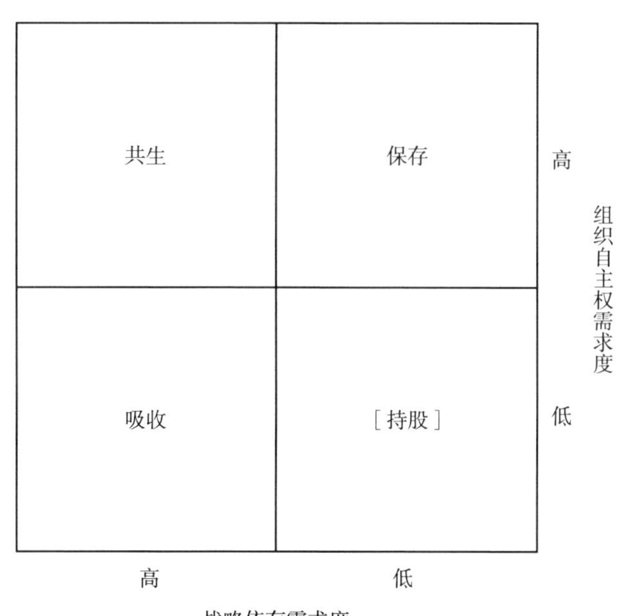


**图 2-1 跨国并购后的整合模式**

资料来源：Haspeslagh 和 Jemison（1991）。

第二种：保存模式代表了收购方与标的企业之间的浅程度整合，甚至没有任何整合。维持标的企业的原始结构和操作，将整合变化限制在绝对最小范围。

第三种：共生模式，共生旨在收购方与被收购方之间相互学习，分享双方的资源优势。这是平衡自主权程度和整合程度最具挑战性的方法。

第四种：控股模式，这种模式一般常见于没有后续实际整合的、主要想通过收购以获得财务红利转移和风险分担的金融投资者，而战略收购方则较少采用。

新兴市场跨国企业在发达市场收购后所实施的整合模式，与大多数发达市场跨国公司采取的快速强制的吸收模式明显不同。早期对于新兴市场跨国公司整合的相关研究普遍表明，新兴市场跨国公司可能会采用一种谨慎的、较低程度的整合模式（Birkinshaw 等，2000；Kumar，2009）。为了探索而不是开发发达市场重要的、难以模仿的优势资源，新兴市场跨国公司倾向于避免调整发达市场标的企业的结构或系统，更喜欢完全保留标的企业的高层管理团队，并授予标的企业完全的自主权，以保证最大的学习潜力（Birkinshaw 等，2000；Kumar ，2009）。Kale 和 Singh（2012）首先将新兴市场跨国公司这种独特的方法命名为"合作"模式：发达市场跨国公司通常吸收海外标的企业，而新兴市场跨国公司，包括中国跨国公司，更喜欢与标的企业合作。在合作中，标的企业的组织和运营结构与收购方的组织和运营结构分开；资源置换有限，但自主性高。同时，双方有选择性地协调活动。标的公司与新兴市场跨国企业保持"结构上的分离"，尽管双方之间存在深度的协同潜力。Kale 和 Singh（2012）将 Haspeslagh 和 Jemison（1991）的整合框架中两个维度略微调整为"结构整合"和"协作程度"，确定了新兴市场跨国公司在发达市场收购后对其标的企业所实施的三种理想的整合模式（见图 2-2），即保存模式、合作模式、吸收模式。Kale 和 Singh（2012）的整合模型被学术界普遍认为是最受认可的新兴市场跨国公司在发达市场并购后的整合模式框架。

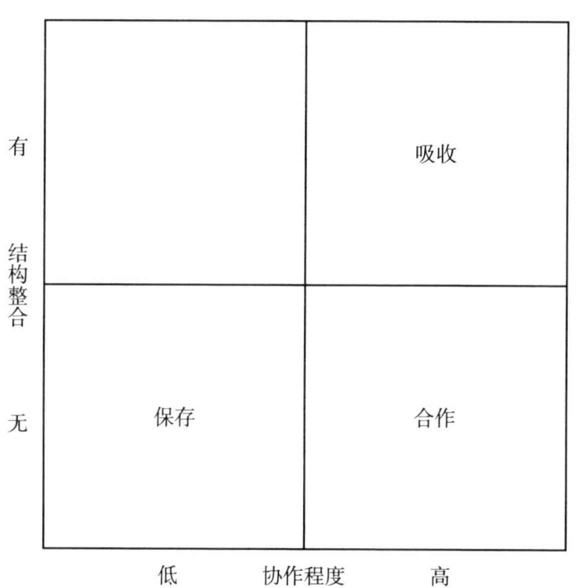


**图 2-2　新兴市场跨国企业的整合模式**

资料来源：Kale 和 Singh（2012）。

其中，合作模式已被大多数学者普遍认为是新兴市场跨国公司偏好实施的整合模式。合作模式的基本原理在于：对发达市场标的企业的结构分离和资源保护、高度的自主权、选择性的活动协调。

随后，一些学者针对中国跨国公司的案例研究提出了类似的观察结果。Kumar（2009）观察到其整合模式的粗略特征：除了快速调整标的企业的汇报系统（例如，财务语言、财务报告、财务基准，增添新的符合投资方标准的财务部门向新兴市场跨国企业母国集团汇报），新兴市场跨国企业几乎没有实施任何其他方面的整合；除非必要，不更换标的企业的任何管理结构、系统或人员。伯金肖等（2000）将这些特征命名为“高速公路”。他们发现，新兴市场跨国公司刻意谨慎地保留标的企业的资源和自主权，之后，它们可能会逐渐以较慢的速度加强管理。Cogman 和 Tan（2010）也注意到了类似的特征，将其命名为“轻触”，即：新兴市场跨国企业仅会控制标的企业的几个关键绩效指标，要求标的企业每季度和每年向收购方母公司汇报财务数据；而新兴市场跨国企业仅仅向标的企业传达战略方向，不干涉其具体管理和运营；技术转让或交叉销售比较有限。Liu 和 Woywode（2013）分析了 13 个中国跨国公司在德国市场的收购案例，证实这些案例中所有的中国跨国公司都采用了 Cogman 和 Tan（2010）所谓的“轻触式”方法管理它们的德国标的企业。与“合作”模式类似，在“轻触”模式下，中国跨国公司将德国标的企业保持完整、结构上与中国母公司保持分离。德国标的企业被授予高度管理自主权，中国跨国公司仅被动地提供有限的战略建议，并有选择地与德国标的企业进行活动协调（例如，双方人员轮换、技术交流），但不干预其具体运营。Liu 和 Woywode（2013）认为，“轻触”方法是“共生”和“保存”的结合，因为收购双方具有很高的互补潜力，但这种方法同时保持了两家公司的边界。Marchand（2017）进一步研究了来自 13 个国家的新兴跨国公司的 25 个在法国市场的收购案例，发现尽管并非所有新兴市场跨国公司都进行了较低程度的整合（例如，少数新兴市场收购方采用了“服从”模式，让法国标的企业严格服从收购方的管理，但收购方并没有进行任何活动协调；或少数新兴市场收购方也采用了发达市场收购方所偏好的“吸收”模式直接吸收了其收购的法国标的企业），但大多数的新兴市场跨国公司（包括调研的案例中 5 个中国跨国公司案例样本）均采用了较低整合程度的“合作”或“保存”模式。同时，他强调，这些整合模式只是理想类型：它们是一个连续体，而不是封闭的、不同的类别。根据新兴市场跨国公司发起的活动协调程度，Marchand（2017）将“合作”模式细分成了三种“合作”变体：转让合作、跳板合作和协同合作。Torres de Oliveira 和 Rottig（2018）调查了中国跨国公司收购德国市场标的企业的案例，基于制度理论和社会资本理论，发现中国跨国公司倾向于使用“支持性合作”模式，即中国跨国公司喜欢与德国标的企业建立半正式 / 非正式的制度（例如，信任、互惠、团结）。同时他们也强调了组织间和组织内的网络联系及社会关系对于获取发达市场标的企业资源和促进互利合作的重要性。Sun（2018）考察了在 5 个发达市场（即德国、意大利、美国、法国和荷兰）发生的 12 个中国跨国公司收购案例，确定了中国跨国公司的“无为”整合模式，包括由中国跨国公司发起的“自上而下的轻松整合”以营造和谐融合氛围，以及主动与中国跨国公司合作并试图解决文化混乱的标的企业发起的“自下而上的反向整合”。

可以说，新兴市场跨国公司研究人员普遍认为，除了少数直接吸收发达市场标的企业或对标的企业进行严格服从式的“吸收”模式外，大多数新兴市场跨国公司喜欢较低整合程度的不干涉的模式，即“合作”模式或“保存”模式。已经识别的现有的新兴市场跨国公司对其收购的发达市场标的企业所实施的整合模式的概述以及比较如表 2-1 所示。

然而，最近的研究开始质疑这些较低程度的整合模式是否可以全面揭示新兴市场跨国公司的长期的整合过程（Sun，2018）。正如 Kale 和 Singh（2012）指出的那样，这种较低程度的“合作”/“保存”模式可能只是中国跨国公司收购后早期阶段临时的静态快照，可能会随着时间的推移而进行动态调整。然而，受限于新兴市场跨国公司较短的发达市场收购历史，很少有人能将时间因素纳入考虑，从动态的角度观察新兴市场跨国公司的这种较低程度的“合作”/“保存”模式的长期演变。

那么，随着时间的推移，新兴市场跨国公司的整合之路将何去何从？

目前，理论界对于新兴市场跨国企业在发达市场收购后整合模式的长期演变方向仅提出了一些假设和零星的经验证据。Kale 和 Singh（2012）假设新兴市场跨国公司的较低程度的整合模式可能只是其在并购后早期阶段临时的静态快照：新兴市场跨国公司最初会选择原样保存标的企业或与标的企业合作，以缓解标的员工的焦虑，消除整合障碍的同时更好地了解如何管理标的企业，之后可能会在中期阶段充分地吸收标的企业。此外，Kale 和 Singh（2012）还推测，对于具有丰富的先前并购后整合经验的新兴市场跨国公司，

表 2-1　新兴市场跨国企业对发达市场标的企业的整合模式特征概览

| | | 保存 | 合作 | 共生 | 吸收 | 服从 |
|---|---|---|---|---|---|---|
| 战略依赖 | | 低/无 | 中等/高（结合相互的最佳实践） | 高（结合相互的最佳实践） | 高（为了实现规模经济） | 低/无 |
| 边界 | | 保存 | 保存 | 保存和逐渐渗透 | 快速和溶解 | 快速和溶解 |
| 结构 | 标的身份 | 保存 | 保存 | 保存/稍微有点变化 | 溶解 | 吸收 |
| | 一致性控制 | 无 | 无 | 几乎没有 | 高 | 高 |
| | 自主权 | 最高 | 高 | 中等/高 | 相当低/无 | 无 |
| 活动 | 合作 | 少 | 选择性 | 高 | 标准化 | 无 |
| | 转移 | 少 | 主要从标的向收购方 | 相互 | 主要从收购方向标的 | 无 |

资料来源：根据文献 Haspeslagh 和 Jemison（1991）、Kale 和 Singh（2012）、Liu 和 Woywode（2013）、Marchand（2017）整理。

它们可能不会在初期采用合作或保存模式，而会像发达市场跨国公司一样采用更严厉的模式直接完全吸收其下一次收购公司。当从先前的收购成果中获得足够的知识，一些新兴市场跨国公司可能会脱离“婴儿跨国公司”阶段，变得更加成熟，可以像发达市场跨国公司一样严厉干预或直接吸收它们未来的收购标的公司。Williamson 和 Raman（2013）提出了中国跨国公司的“双手弹簧”演化模式：在“带回”阶段，即将发达市场标的企业的技术或管理技能带回并在中国国内使用的第一阶段，中国跨国公司对标的企业的影响很小。而在第二阶段，当中国国内的业务得到加强后，中国跨国企业将开始对标的企业实施管理变革，以赢得中国以外的市场。

然而，这些争论仍然存在于理论假设水平，鲜有经验证据支持。据本书所知，只有 Marchand（2015）用经验证据粗略地描述了新兴市场跨国公司的整合演变：在中期阶段，新兴市场跨国公司可能会继续采用它们的合作策略。根据初始阶段的活动协调度，在中期阶段，新兴市场跨国公司可能会协调更多的活动以加强先前的伙伴关系，直到实现共生；如果初始阶段的活动协调没有结果，新兴市场跨国公司可能会削弱和减少双方的活动互动，直到完全放弃标的企业，把标的企业置于保存状态，不再理会（Marchand，2015）。他强调，合作模式本身并不是一个静态的范畴，而是一个在保存模式和共生模式间逐渐动态的过程。

然而，只有这一项实证研究很难解释复杂的现象。随着整合时间的推移，中国跨国公司在发达市场收购后对标的企业的整合模式还有其他可能的演化方向吗？此外，正如 Marchand（2015）所说，他只专注于解释新兴市场跨国公司如何发展它们的整合，而不关注为什么他们的演化会发生。他的文章对影响因素方面的描述比较粗糙和模糊，只用了一两句话解释。因此，为什么新兴市场跨国公司随着时间的推移会以不同的方式改变它们整合模式的问题仍然不清楚。此外，没有任何文献对初期阶段、中期阶段的边界是什么给出明确的解释。整合持续多久才算是进入中期阶段？其长期阶段整合模式将会如何？甚至至今为止，没有人提及过“长期阶段”的问题。因此，整合阶段的时间线划分似乎模糊不清，因而使先前的结论模糊不清。可以说，这一研究领域仍然不完全，需要进一步的实证验证和阐明。因此，本书专题篇将试图通过找出中国跨国公司潜在的长期、多阶段的整合模式变化以及这些动态变化在不同整合阶段的主要影响因素以填补这些理论空白。

## 第三节　影响整合的因素

新兴市场跨国公司独特的整合偏好迫使学者们思考它们做选择的影响因素。影响新兴市场跨国公司选择何种整合模式的因素错综复杂。先前的研究确定了可能影响其整合模式选择的各种因素，这些因素虽然并非新兴市场跨国公司独有，但也可能影响它们的选择。一般来说，拥有管理和技术技能的发达市场跨国公司发起跨境并购主要是为了扩大规模和提高效率（朱方伟、宋昊阳、王鹏、赵萌萌，2018；Graebner 等，2017）。相比之下，新兴市场跨国公司的目的通常是通过收购发达市场的企业来探索标的企业优越的战略资产以加强自身的全球竞争（李洪、叶广宇、赵文丽，2019）。新兴市场跨国公司可以利用其收购的拥有高度认可的本地和全球品牌以及一流资源的被收购公司来提高其自身的声誉（Gulanowski 等，2018；Qiu 和 Homer，2018）。

一些学者分别从国际（Kale 和 Singh，2012）、国内（Liu 和 Woywode，2013）和部门宏观经济环境（Marchand，2017；Ramamurti，2012）的角度探讨了前因。Haspeslagh 和 Jemison（1991）考虑了战略相互依赖和组织自治的相互作用。而 Kale 和 Singh（2012）认为，当收购发达市场的互补产品而不是相似性资源的时候，选择性地协调活动可能足以让新兴市场跨国公司通过收购创造价值。嵌入在制度视角中，Wang 等（2014）考虑了新兴市场跨国公司在其本国糟糕的制度和治理环境。正是这些母国因素可能会对领先的新兴市场跨国公司造成负面损害，因此将标的企业东道主的资源保留在标的企业内可以克服其母国的制度缺陷。Torres 和 Rottig（2018）认为，与严格控制的“吸收”模式相比，中国跨国企业的半正式 / 非正式“合作”模式更能有效地获得收购价值，因为建立联系可以让标的企业感到其受到了重视和赞赏，以此可以弥补中国收购方与发达市场标的企业间的能力差距。而大量学者注重经验、管理技能和学习能力。Kale 和 Singh（2012）提到，在初始国际化阶段，大多数新兴市场跨国公司是新手，缺乏先前并购后整合的管理经验和足够的管理技能以吸收发达市场标的企业东道主。由于它们的学习或吸收能力较低，它们无法吸收而只能轻触这些收购的高端资源（Liu 和 Woywode，2013）。Wei 和 Clegg（2014）补充说，这种管理能力不足可能会导致发达市场标的企业东道主不信任或抵制新兴市场跨国公司的整合。在这种情况下，将标的企业分开并保留其资源似乎合乎逻辑且可取（Meyer 等，2014）。Sun（2018）从中国古代本土思想的角度，认为中国跨国企业受到中国道家哲学倡导的“无为”的管理理念的影响：面对各种不对称时（例如，能力、资源等不对称），不应刻意强行费力，而应不费力、不主动，然后解决方案自然会出现。这种“无为”的管理理念，形成了中国跨国企业“以和谐为重”的整合观念：中国跨国企业在资源、能力、愿景、地位等方面与其收购的发达市场的标的企业存在巨大的差距和不对称，因此，道家哲学引导中国跨国企业试图营造轻松、被动、和谐的整合氛围。

一个研究方向集中在整合环境上。除了偶然因素外，文化环境的影响也是目前的热门话题。重新审视了 Haspeslagh 和 Jemison（1991）的整合框架，Weber 等（2009）在其整合范式中加入了文化维度，并指出文化（包括文化差异和具体的国家和组织文化维度）也会影响整合。他们将 Haspeslagh 和 Jemison（1991）的 2×2 矩阵修改为一个三维立体矩阵，包括三个影响维度：协同潜力、文化差异和文化维度（Weber 等，2009）。在他们的研究中，只考虑了国家文化六个维度中的一个维度——“不确定性规避”的影响。这就是 Hofstede 等（1990）著名的六个国家文化维度（即权力距离、不确定性规避、个人主义 / 集体主义、男性气质 / 女性气质、长期 / 短期定位、放纵 / 克制）之一。

后续研究识别出了文化差异对新兴市场跨国企业并购后整合模式的影

响。Sarala（2010）指出，组织文化差异可能会增加整合冲突，而国家文化差异则没有影响。其他研究调查了其他国家文化维度的影响。Calori 等（1999）发现，与英国和美国收购方相比，法国收购方的国家文化中的更强的不确定性规避和权力距离偏好导致法国收购方偏好行使更高级别的控制式整合（即吸收模式）。莫罗西尼等（1998）建议在选择最佳整合水平时应考虑个人主义。Liu 和 Woywode（2013）将 Weber 等（2009）的文化假设引入新兴市场跨国公司在发达市场的整合环境中，将新兴市场跨国公司实施的“轻触”模式视为文化影响和学习/吸收能力之间互动的结果。新兴市场跨国公司收购方的不同所有权（即国营企业和民营企业）导致它们不同的企业内部组织文化，进而影响它们不同的吸收能力，最终影响它们的整合选择（Liu 和 Woywode，2013）。此外，Liu 和 Woywode（2013）发现，中国国家文化中的“长期导向”偏好导致中国跨国公司将它们收购的发达市场的标的企业视为合作和发展的长期投资对象，所以更愿意与发达市场标的企业一起成长而不是吸收它们。

那么，组织文化是影响因素吗?

综上所述，在目前理论界，文化差异和具体的国家文化维度对新兴市场跨国公司整合模式选择的影响已得到充分讨论。本书对上述提到的理论进步表示赞赏。然而，文化维度包括国家文化维度和组织文化维度（Weber 等，2009）。具体的组织文化维度对其整合选择的影响如何？这一点似乎被忽视了。一些人认为，是一家企业的国家文化而不是其组织文化驱动了其更深层次的组织管理（Laurent，1986）；在跨国公司中，国家文化可能比组织文化对其管理具有更强的影响（Schneider，1988）。然而，Hofstede 等（1990）反驳了这一观点，认为即使一家企业的企业价值观可能在早期社会化过程中受其国家文化影响而形成，但其组织文化会更强地影响其后期的组织符号和管理实践。Weber 等（2009）观察到，具有相似国家价值观的公司之间其实存在相当大的管理差异。组织文化影响战略规划和人力资源的整合程度

（Shearer 等，2001）。

学术界对组织文化进行了各种定义。目前普遍认为，组织文化是由群体中个人塑造的组织的各种长期锁定的惯性和规范，例如，信仰、价值观、仪式和权威模式（Denison 等，2003；Jit Singh Mann 和 Kohli，2011；Scott 等，2003；Verdu-Jover 等，2018；Yeganeh，2011）。其中，被广泛引用的组织文化定义是由 Schein（2004）定义的：由特定群体在学会处理其外部适应和内部整合问题时发明、发现或发展的一种共享的基本假设模式。这一定义奠定了文化学者普遍认同的组织文化的三个要素：身体 / 行为表现、价值观和组织文化的本质，即基本假设（Rao-Nicholson 等，2016；Tsai 和 Cheng，2004；Yeganeh，2011）。后来，文化研究人员对组织文化符号层面的概念性工作进行了大量调查（Jit Singh Mann 和 Kohli，2011；Yeganeh，2011），

并购后的整合是一个交互过程（魏江、杨洋，2018）。在跨境并购背景下，收购方不可避免地与被并购方具有不同的运营方法和不同的领导风格，而并购后新合并实体中所有的组织成员都可能影响这个新合并实体的组织文化（Shearer 等，2001）。从某种意义上来说，新领导、原员工和新结合的组织文化并不是独立的，而是一种相互影响的系统现象（Shearer 等，2001）。新交织的工作环境中，这些相关性将引导收购方设计它们的整合模式（Shearer 等，2001）。与收购方国家文化的单边影响相比，新成立实体中的新的组织文化因素，如新旧领导者的沟通或承诺、标的企业老员工的期望或阻力，可能会更深入地促进新组织的结构变化（Bijlsma-Frankema，2001）。例如，探索更多的协同效应可能需要高度整合，但高度整合可能会带来人员冲突并破坏标的企业的价值观（程聪，2020）。

整体而言，尽管上述研究人员捕捉到一些模糊的迹象表明组织文化可能会影响整合，但具体的组织文化维度和收购方整合模式选择的相互关系依然模糊，尤其在新兴市场跨国公司在发达市场整合的背景下。并购后新交织的组织中，哪些具体的组织文化维度会影响新兴市场跨国公司的整合模式选择 /

如何影响新兴市场跨国公司将要实施何种程度的整合水平？这些问题值得尽早关注，因为它们可能对理解新兴市场跨国公司的整合选择具有重要意义。因此，本书专题篇致力于通过系统地检查哪些具体的组织文化维度对中国跨国公司在德国市场并购后整合程度的影响以填补这个理论空白。

大量研究侧重于研究文化差异如何影响整合程度（Chatterjee 等，1992；Child 等，2001；Pitkethly 等，2003；Weber 等，2011）。也有一些学者已经确定了文化维度是并购后整合的主要驱动因素之一（Ali 等，2018；Denison，1993；Denison 等，2011；Gupta，2011；Idris 等，2015）。而经验证据对于识别哪些具体的文化维度影响了整合程度是缓慢的。只有少数研究提到了具体的国家文化维度的影响，例如，Calori（1999）考察了权力距离对整合程度的影响、Mayrhofer（2004）研究了不确定性规避、Liu 和 Woywode（2013）指出的长期导向。几乎没有文献专注于识别具体的组织文化维度与并购后的整合程度之间的关系。组织文化在并购后的整合时期，尤其是在反向并购后的作用尚不明确，值得进一步研究以完善文化与并购整合相关的理论框架。

另外，现有的零散研究仅解释了新兴市场跨国公司“合作”模式的前因，而未能解释其整合在长期可能会发生的变化，因此，对于其可能发生变化的原因也尚不清楚。

# 第三章 方法篇

本章简单概述了检查前文所述两个子问题的方法论方面的考虑，具体的方法论细节将在后文中的每个专题进行详细介绍。

这里需要注意的是，本书使用不同的方法来解决上述两个子问题，主要不是为了验证相互之间的结果，而是提供更多的补充材料，以便更全面地理解本书的一般性研究主题，即“新兴市场跨国企业在发达市场并购后所实施的整合模式以及影响因素”问题。

本书采用混合研究法，即采用定量和定性方式分别解决上述两个子问题。其中，本书通过定量问卷分析的方式解决第一个子问题“哪些具体的组织文化维度对中国跨国企业在德国市场并购后的整合模式/程度产生影响”，由此对新兴市场跨国企业在发达市场并购后的整合理论进行了补充；通过定性访谈案例分析的方式进一步解决第二个子问题“中国跨国企业在德国市场并购后的整合模式将会随着整合时间的推移如何演变”以及“哪些因素影响了演变”，由此对新兴市场跨国企业在发达市场并购后的整合理论进行了进一步拓展。

混合定量和定性数据能更深入地了解问题。这种数据的“混合”或整合比单一种类的数据更加可以对研究问题提供深入的理解（Creswell和Creswell，2018）。通过对定性和定量数据进行严格的收集和分析，最后合并数据并进行进一步解释，混合研究可以结合两种研究方法的优点和缺点，比较研究主题的不同方面，形成对研究问题更完整的理解。

选择混合方法是否合适以及如何设计混合方法，取决于四个重要方面（Creswell 和 Plano Clark，2011）：

第一，定性和定量研究在多大程度上相互影响或相互独立？

第二，应该如何适当优先采用定性还是定量方法需要考虑：它们同等重要吗？或者研究课题更强调定量数据，定性研究作为次要补充？

第三，考虑进行定性和定量研究的时间，在一个时期内同时进行，还是在项目研究的几个不同时间阶段依次进行？

第四，应该何时混合或整合定性和定量数据：在收集或分析两组数据期间，还是在分析完所有数据后的最终解释步骤期间？

本书没有采用传统的以测试或验证定性和定量数据彼此结果为主的核心混合研究策略（收敛设计、解释性顺序设计和探索性顺序设计），而使用了最近出现的新的混合方法分支，即所谓的“嵌入式设计”。“嵌入式设计”指在主要的定量或定性研究设计中结合了辅助方法作为支持方法（Chen 等，2016）。例如，一些研究在定性数据（如开放式访谈、观察、文件和记录）中嵌入了定量实验设计（如仪器数据、人口普查数据等数字记录）（Chen 等，2016）。辅助数据的作用不是为了检验主要数据的发现，而是为了提供更多补充材料，以此帮助更全面地理解研究主题（Chen 等，2016；Creswell 和 Creswell，2018）。仔细考虑了本书的研究问题以及鉴于研究重点和研究时间有限，本书认为，设计以定性案例研究为主要研究，以定量问卷调查为次要补充，可为理解本书的主题提供更多材料的设计，可以更好地回答本书的研究问题。

# 第四章 专 题 篇

## 第一节　影响整合德国标的的组织文化维度

### 一、背景介绍

现有研究发现，除少数新兴市场跨国公司会直接吸收它们收购的发达市场的标的企业外，大多数新兴市场跨国公司更愿意采用较低程度的整合模式，如“保存”模式或“合作”模式，以整合它们的发达市场的标的（程聪、谢洪明、池仁勇，2017；Sun，2018；Torres de Oliveira 和 Rottig，2018；Zhang 等，2019）。新兴市场跨国公司的研究人员确定了影响新兴市场跨国公司整合模式选择的各种因素（Cogman 和 Tan，2010；Liu 和 Woywode，2013；Zhang 等，2019）。例如，从文化视角，Weber 等（2009）发现，文化差异和具体国家及组织文化维度会影响其整合水平。然而，后来的研究主要关注文化差异和具体国家文化维度的影响（Calori 等，1994；Morosini 等，1998；Sarala，2010），却忽略了具体组织文化维度对新兴市场跨国公司实施整合模式选择的影响。哪些具体组织文化维度会影响新兴市场跨国公司的整合选择？这些组织文化维度和新兴市场跨国公司的整合程度之间有什么相互关系？这些都需要进一步验证。

跨境并购作为一种国际投资方法在全球化研究中具有核心重要性（Ali等，2018；Kumar等，2017；Vijayakumar和Padma，2014）。并购后整合的新兴研究兴趣非常关注学术界所谓的“反向并购”，即新兴市场跨国公司发起的收购，以收购发达经济体的知识密集型行业（Sun，2018）。有趣的是，调查结果表明，与来自发达经济体的收购者所实施的强硬的整合程度相比，这些反向收购者更愿意在并购后的整合时期采用一种新的、整合程度相当低的整合模式（魏江、王丁、刘洋，2020）。

在现有的并购研究中，组织文化曾作为与并购后整合联系的一个重点领域而出现越来越多的出版物（Denison等，2011；Giessner等，2016；Hu等，2010）。一些研究为文化差异与整合程度之间、国家文化与整合程度之间的关系提供了支持证据（Björkman等，2007；Sarala，2008；Viegas-Pires，2013）。例如，Liu和Woywode（2013）发现，中国跨国企业并购后首选的“轻触”式整合模式是受到协同潜力、文化差异和具体国家文化维度（中国国家文化中的长期导向）的影响。然而，很少有研究评估具体的组织文化对并购之后新合并组织整合程度的影响（Calipha等，2010）。文化研究流派认为，组织文化可以影响环境结构变化（Kavanagh和Ashkanasy，2006；Obeidat等，2017）。作为帮助群体生存的指南，组织文化被描述为影响“一个组织在多大程度上能够改变其行为、结构和系统的能力”（Verdu-Jover等，2018）。在目前并购后的整合和文化关系的研究中，组织文化维度在并购后整合程度中的作用仍然是一个隐含的、未详细阐明的主题。因此，本书通过对中国跨国企业在德国市场收购后的整合进行定量实证调查，以填补这一研究空白，从而确定影响新兴市场跨国公司实施整合程度的具体的组织文化维度，并进一步阐明这些具体的组织文化维度与新兴市场跨国公司实施整合程度的潜在相关性。

本章以中国跨国公司在德国市场收购后的整合为例，旨在确定影响新兴市场跨国公司对发达市场标的企业整合的主要组织文化维度，并进一步探讨这些维度与新兴市场跨国公司整合程度之间的相互关系。首先，本次调研共向 12 个中国跨国公司收购德国市场标的的案例中的中国和德国管理人员和员工发放了 120 份问卷，收回有效问卷 67 份，回收率为 56%；其次，通过 PCA 分析法来提取影响中国跨国公司整合的主要组织文化维度；再次，应用 Spearman 相关性进一步识别这些维度与中国跨国公司整合程度的相关性；最后，提取了影响中国跨国公司整合程度的五个主要组织文化维度（即适应性、一致性、参与性、平衡性、灵活性）。其中，适应性被显示为影响中国跨国公司整合程度的预测指标，具有显著的负面影响。据所知，这项研究是一项考虑影响新兴市场跨国公司整合发达市场标的企业程度的具体的组织文化维度，并探讨它们之间相关性的研究。

## 二、研究方法

本次调研采用问卷调查研究法来研究影响中国跨国公司在德国市场收购后实施的整合程度的主要组织文化维度，以及这些维度与中国跨国公司实施的整合程度的潜在相关性。问卷调查是观察性研究的有用替代方案，因为它能够在短时间内收集大量数据（Nauta 和 Kluwer，2004；Sekaran 和 Bougie，2013）。作为一项探索性研究，本书提出了一个总体命题，即整合程度受到并购后新合并组织内组织文化的某些具体维度的影响。除此之外，本书没有假设其他任何特定的相关性。为了挖掘产生影响的主要的企业文化维度，本书进一步探索了这些具体维度与整合程度之间的潜在关系。详细的数据收集和分析过程如下。

### （一）问卷设计

本书基于结构化问卷调查进行，旨在发现影响中国跨国企业在德国市场收购后所实施的整合程度的具体的组织文化维度。对于整合程度的测量，本研究以 Kale 和 Singh（2012）的框架为本书的基本理论框架。由图 2-2 可知，

"保存"模式中的整合程度最低，"吸收"模式中的整合程度最高，而"合作"模式中的整合程度介于"保存"模式和"吸收"模式之间，代表了中等程度的整合。

那么，文化维度应该如何被测量？越来越多的实证研究专注于组织环境中文化的具体测量（魏江、杨洋，2018）。关于组织文化测量的文献有两种思想流派（Scott 等，2003；Xenikou 和 Furnham，1996）。一些比较研究侧重于比较两个组织之间的文化差异（Xenikou 和 Furnham，1996），另一些研究则注意通过设计各种测量模型来测量组织文化的基本特征（Scott 等，2003；Xenikou 和 Furnham，1996）。不出所料，关于如何测量组织文化的主要特征的研究几乎没有达成共识（Scott 等，2003；Xenikou 和 Furnham，1996）。以 Schein（1999）为代表的定性研究流派坚持实施访谈和现场观察的方式，理由是组织文化的基本假设处于前意识水平，无法通过定量尺度来揭示。另外，定量方法的倡导者认为，使用问卷和量表进行定量调查可以节省成本；同时可以鼓励不同部门或组织之间的系统比较（Quinn 和 Spreitzer，1991；Siehl 和 Martin，1988）。随后，许多研究采用了混合方法，首先进行深入访谈，然后将定性数据转换为结构尺度（Hofstede 等，1990；Siehl 和 Martin，1988）。例如，Glaser 等（1987）衡量了组织文化的六个要素（团队合作与冲突、士气、信息流、参与、监督、会议），并结合定性访谈来评估企业的价值观。Cooke 和 Szumal（1993）提出和测试了组织文化清单以衡量一个组织环境中的行为规范。O' Reilly 等（1991）开发的组织文化框架将组织文化分为八个维度（即创新、对细节的关注、结果导向、进取性、支持性、重视奖励、团队导向和果断），以评估个人文化与 Q 排序应用的契合度。基于 Hofstede 等（1990）著名的五个国家文化维度（即权力距离、个人主义与集体主义、不确定性规避、男性气质与女性气质、长期导向与短期导向），Hofstede 等（1990）提出组织文化测量量表应该由三个价值因素（即安全需求、工作中心性、权威需求）和六个实际差异（即过程导向与结果导向、员工与工作导向、狭隘与专业、开放与封闭系统、松散与严格控制、规范与实用）组成。然而，Hofstede 等（1990）对组织文化维度的划分只适用于更注重内部组织设置而忽视外部环境的丹麦和荷兰的公司，对于新兴市场跨国公司的案例情况则不适用（Scott 等，2003；谢洪明、章俨、刘洋、程聪，2019；Xenikou 和 Furnham，1996）。

在目前组织文化维度测量的文献中，最有效和实用的衡量工具是 Denison 的组织文化问卷量表（DOCQ）（Denison 等，2011）。DOCQ 确定了组织文化的四个特征，即参与度、适应性、一致性和使命（Denison 等，2011）。具体来说，每个特征包括三个子维度，每个子维度由五个项目组成（总共 60 个项目 / 陈述）（Denison 等，2011）。正如 Denison 等（2011）解释说，参与度指培养员工自主行动的能力，增强主人翁意识和责任感，包括授权、团队导向和能力发展；适应性定义了组织感知或响应外部环境（即客户和竞争对手）以及组织行为和流程的内部重组或重新制度化的能力，包括创造变革、以客户为中心和组织学习；一致性定义了一个内部中央协调和治理系统，通过协调和整合、协议和核心价值观等指标的共识支持；而使命是指重要的短期和长期战略方向和意图、标的企业和愿景。Denison 的组织文化问卷量表通常和组织的绩效相关联。参与度和适应性是组织成长的预测因素，而一致性和使命可以更好地预测公司的盈利能力（Denison，1993）。DOCQ 是一个强大且适用的组织文化评估工具，用于理解组织文化与组织战略偏好之间的关系，因为“DOCQ 与组织的环境需求和战略重点兼容”（Tabatabaei 和 Faramarzi，2015），并能够促进进行收购的组织考虑对应优先干预的工作的排序（Denison 和 Neale，2018）。因此，DOCQ 量表更适合本次调研的主题。然而，由于 DOCQ 的 60 个项目之间的高度自相关（Scott 等，2003），有必要区分数据处理中题项的有效性（Scott 等，2003）。

本书使用 Survey Monkey 在线设计问卷。问卷中声明了本次研究目的，并保证受访者的个人信息是匿名的，他们的个人意见将被高度保密。此外，受访者可以随时参与或选择退出此调查。问卷的前半部分由个人和组织背景信息热身题组成，其次是单项选择题，在“保存模式、合作模式、吸收模式”中，选择他们所在的中国跨国公司 / 中国投资方采用了哪种整合模式。这三种整合模式分别代表了“低、中、高”不同的整合程度。问卷中标明了 Kale 和 Singh（2012）的框架，以此可以清楚地说明这些模式的定义及其所代表的整合程度，以便受访者可以轻松理解它们。问卷的第二部分包括 26 项组织文化陈述，采用李克特五点量表进行评估，从 1 级表示完全不重要，到 5 级表示非常重要，让受访者表达他们对这些组织文化影响程度的看法。李克特量表问卷是研究区间变量的最常用方法（Dawes，2008）。李克特五分或七分量表可以极大地提高信度和效度，其中五分量表是最受欢迎和最可靠的量表，而更精细的量表无法实现信度（Dawes，2008；Paavola，2014）。

这 26 项组织文化陈述来自 Denison 等（2016）的组织文化问卷（DOCQ）。DOCQ 被高度认可为用于评估组织的组织文化及其战略偏好的强大评估工具，其组织文化陈述与组织的战略重点和环境需求相一致（Tabatabaei 和 Faramarzi，2015），有助于帮助正在经历收购后整合的组织确定其干预工作的优先级（Denison 等，2011）。鉴于 DOCQ 的 60 项陈述过于烦琐，无法完全适用，有必要对其进行修改和删减，以更好地针对中国跨国公司在德国市场并购后的整合情景。所有研究都应该先对其有效性和可靠性进行测试（Hair 等，2009）。这 26 项陈述是依据 Denison 等（2016）的组织文化问卷以及笔者与一位主营欧洲投资并购咨询公司的高管领导讨论所选出来的，这位高管是一位拥有近 20 年的中国跨境并购经验的专业并购从业者。然后，本书再次邀请了另外两位中国并购从业者对这 26 项陈述进行合理性评估。根据他们对陈述可理解性的批评和反馈，本书修改、删除和添加了部分陈述。该问卷最终确定了 26 项陈述，以便受访者不太可能过载，然后进一步润色了一些陈述，以更清楚地表达其含义。

### （二）样本选择

问卷调查总体有两种抽样方法：概率抽样，从总体中随机抽取一个具有代表性的群体；非概率抽样，选择一个特别有代表性的群体，其结果虽然不能推广到一般群体，但有助于深入探索一种现象（Frey 等，2000；Paavola，2014；Rubin 等，2009）。本次调查采用非概率抽样。

第一，考虑母国和东道国的背景至关重要，本次调研限制了收购方和标的企业为来自同一母国和东道国，即中国和德国，这样不仅可以排除国家文化影响，还可以保证东道国制度背景的一致性。本书侧重于中国跨国公司在德国市场并购后的整合原因还在于：2016 年，中国对外投资总额为 1961.5 亿美元，蝉联全球第二位（中国商务部，2017）。与此同时，中国跨国企业在德国市场的收购自 2010 年以来大幅增加，并在 2016 年达到顶峰。德国市场可以为各类中国投资者提供标的企业，其制造基础雄厚，在许多技术领域拥有强大的研发能力，在生物制药和电动汽车等热门领域拥有大量关键知识，因而成为中国对欧洲直接投资的最大的接受国（31%）（中国商务部，2017）。

第二，本次调研的受访者定位于在德国标的企业工作并参与其并购后的整合决策过程的中国人和德国人。这可能包括，除了德国企业中各个部门的高层管理人员，还有由中国母公司派往德国标的企业工作的中国高层管理人员。这些中国高层管理人员中的一些人可能被任命为德国标的企业的首席执行官（CEO），而另一些人可能并没有被赋予实际的权力或实际的职位，例如，"顾问"或"沟通桥梁"。其他受访者是由中国母公司派遣到德国标的企业工作的中国中层管理人员和普通员工，作为对派出去的中国高层管理人员的"支持者"（副经理）、"沟通桥梁"或"观察者"，他们也能够参与并购后的整合决策程序。为确保本书的标准明确和问卷有效，本问卷首先向潜在受访者询问他们是否参与并购后的整合决策过程的前提问题。如果他们的回答是肯定的，他们可以继续回答问卷；如果没有，则要求他们不要继续。

第三，本书专门选择了购买超过 50% 股份的中国战略买家样本。PE、清算购买者或购买低于 50% 股份的收购样本被排除在外，因为这样的案例通常是不进行后续任何整合的金融投资者。除了这些标准，本书没有设置其他标准来增加样本的多样性。

潜在样本选自普华永道（2016）发布的“中国人在德国市场的并购活动”报告。本报告整理了 Capital IQ 和 MergerMarket 的数据，列出了 2010~2016 年在德国市场排名前 10 的中国跨国公司的收购交易数据。本书首先依据上述标准选择了 38 个合适的潜在案例。然后通过依次打电话给每个案例的德国标的企业的人力资源部门以及依靠人脉网络，询问他们是否允许分发问卷，最终确定了 12 个可行案例。最后从 12 个案例中公司的官方网站、社交媒体账户（如 Linkedin）中搜索潜在受访者的联系方式。此外，为了尽可能多地收集数据，本书还通过滚雪球的方式，请求已经确定的受访者和其公司的 HR 员工利用他们的人脉网络将问卷转发给更多符合标准的潜在受访者。

### （三）数据收集

2016 年 8 月，本书通过电子邮件共发放问卷 120 份，约在 3 个月内收回问卷 70 份，剔除 3 份无效问卷（即不完整问卷）后，有效问卷 67 份，回收率约 56%。本书认为 67 个样本是合理的，可以通过降维主成分分析法（PCA）进行数据分析：

首先，数据的原始测量显示出高可靠性和累积百分比，这意味着足以实现特征值和特征向量的稳定性。

其次，考虑到本书的实际情况，抽样难度限制了收集大样本，因为本书的受访者要求是能够参与和制定决策过程的公司高层员工，他们在一份样本中的人数通常很少，而且工作忙碌（一般来说，一份样本中有 5~10 个人可以满足本调研的样本标准）。

最后，受访者对可能泄露商业机密信息的谨慎态度增加了抽样难度。

Budaev（2010）指出，当样本难以收集或收集成本高昂而原始数据测量条件良好时（即高可靠性，如 Rea 和 Rea（2016）所述，当累积百分比达到70%～90% 时），小样本量（N≥40）就已经足够了。Barrett 和 Kline（1981）建议，对于 PCA 行为研究，最小样本量应为 N=50。

综合考虑了上述情况以及研究的时间和财力成本，本书没有进一步扩大样本，以 67 份样本数据结束了调研。

**（四）数据分析**

本书采用 MS Excel 和 SPSS 23.0 统计软件对原始数据进行分析。

首先，对原始数据进行编号并导入 Excel，方便后续分析。背景信息问题选项编号为 0，1，2，3，…，n，代表“低、中、高”整合程度的“保存、合作、吸收”整合模式选项编号分别为 1、2、3。26 条组织文化陈述从 Q1 到 Q26 进行编号，每条陈述中的李克特量表选项编号为 1、2、3、4、5。

其次，将受访者的选择对应的相应的数字输入 Excel，过程中随机检查了录入情况以确保输入数据的准确性。

本书采用 PCA 方法来降维和提取主因素，以识别影响中国跨国公司整合德国标的企业程度的主要组织文化维度。PCA 完全解释了测量分布和集成组件的语句负载（Field，2009）。在同一维度内，测量的陈述可能具有潜在的相关性，而 PCA 方法可以在消除这些陈述间的自相关性，同时不会丢失太多信息（Field，2009）。在进行每一轮降维之前测试了陈述的可靠性和内部一致性。Cronbach’s α 计算通常被认为是测试可靠性的最有效度量（Field，2009）。

首先，本次调研进行了 Kaiser-Meyer-Olkin（KMO）和 Bartlett 球形检验试以确保执行 PCA 的可行性和有效性。PCA 分析过程共进行了四轮最大正交旋转和提取。在每一轮中，那些绝对值小于 0.60 的陈述被删除，直到最后一轮所有提取的陈述的绝对值都高于 0.60（Jolliffe，1972）。最终五个主要的组织文化维度被提取出来。

其次，使用单向方差分析对其进行了普遍性检验，以验证人口统计变量在评估提取的指标的重要性时是否存在差异（González-Rodríguez 等，2012）。

最后，为了进一步探索提取的五个主要组织文化维度与中国跨国公司整合程度之间的相关性，将五个提取的维度的李克特平均得分作为因变量，通过测量两个变量元素的相关性计算了双变量 Spearman 相关性（Bonett 和 Wright，2000）。

## 三、研究结果

使用 SPSS 对调查数据进行 PCA 主成分分析的结果如下。

### （一）样本人口学特征的描述性统计分析

从表 4-1 可以看出，在 67 名受访者（42 名男性和 25 名女性）中，有 86.6% 的人在收购领域拥有 5 年以上的工作经验，其中大多数是高级管理人

表 4-1 样本人口统计资料

| 种类 | 频率 | （%） | 种类 | 频率 | （%） |
|---|---|---|---|---|---|
| 国籍 | | | 经验 | | |
| 中国 | 51 | 76.1 | 少于 1 年 | 2 | 3 |
| 德国 | 16 | 23.9 | 1 ~ 2 年 | 2 | 3 |
| 性别 | | | 2 ~ 5 年 | 5 | 7.4 |
| 男性 | 42 | 62.7 | 5 ~ 10 年 | 16 | 23.9 |
| 女性 | 25 | 37.3 | 10 年以上 | 42 | 62.7 |
| 年龄 | | | 职位 | | |
| 30 岁以下 | 6 | 9 | 初级 | 5 | 7.5 |
| 30 ~ 50 岁 | 56 | 83.6 | 高级 | 39 | 58.2 |
| 50 岁以上 | 5 | 7.5 | 其他 | 23 | 34.3 |
| 学历 | | | 员工数 | | |
| 本科 | 18 | 26.9 | 少于 50 人 | 14 | 20.9 |
| 硕士 | 40 | 59.7 | 50 ~ 500 人 | 13 | 19.4 |
| 博士及以上 | 9 | 13.4 | 501 ~ 5000 人 | 17 | 25.4 |
| | | | 5000 人以上 | 23 | 34.4 |

资料来源：笔者的研究资料。

员（58.2%），这提高了结果的可靠性。此外，近 60% 的受访者受雇于员工人数超过 500 人的大型实体。

### （二）主成分分析结果

对 67 份有效问卷的 26 个项目的原始数据矩阵进行了前三轮最大正交旋转和提取。在每一轮中，那些绝对值小于 0.60 的陈述被删除（Jolliffe，1972），直到第四轮，也就是最后一轮的提取之后，所有被提取的陈述的绝对值都高于 0.60（Jolliffe，1972）（见表 4-2）。当然，可靠性和内部一致性是基于 Cronbach's α 值进行检查的，并且在提取前的每一轮都进行了

表 4-2　旋转后的因子载荷矩阵[a]

| | 成分 | | | | |
|---|---|---|---|---|---|
| | 1 | 2 | 3 | 4 | 5 |
| Q12 中德高层合作 | 0.870 | | | | |
| Q14 互相学习的意愿 | 0.782 | | | | |
| Q15 双方对多元文化的态度 | 0.774 | | | | |
| Q13 德国人与原来德国企业的心理距离 | 0.772 | | | | |
| Q11 领导对文化融合的重视 | 0.747 | | | | |
| Q21 领导的沟通能力 | | 0.798 | | | |
| Q23 员工对整合的态度或情绪反应 | | 0.784 | | | |
| Q22 清楚了解未来的战略、愿景、使命 | | 0.746 | | | |
| Q20 领导个人魅力 | | 0.743 | | | |
| Q19 中下层领导战略实施 | | 0.634 | | | |
| Q03 喜欢单独工作倾向 | | | –0.733 | | |
| Q05 自下而上收集决策信息 | | | 0.733 | | |
| Q01 重视产品质量而非单纯追求效率 | | | | 0.883 | |
| Q04 灵活而非固定的工作时间 | | | | | 0.895 |

注：提取方法为主成分分析法。

旋转方法为具有 Kaiser 归一化的 varimax。

a 表示旋转在 11 次迭代中收敛。

资料来源：笔者的研究资料。

Kaiser-Meyer-Olkin（KMO）和 Bartlett 球形检验，以确保数据的可行性和显著性。

其次，提取了 14 个特征值大于 1 的 5 组主要陈述指标，总体可靠性 a=0.815>0.80，表明提取的 14 个指标具有高度的内部一致性（Howitt 和 Cramer，2017）。此外，PCA 被证实适合进行后续的数据分析，因为 KMO=0.815>0.50 和 Bartlett 球形显著性检验 =0.000<0.05（见表 4-3）。五因子结构通过改进的公因子提取解释了总方差的 72.257%（见表 4-4）。正如 Howitt 和 Cramer（2017）解释的那样，当累计方差超过 60% 时，数据是可以接受的。

**表 4-3　KMO 和巴特利特球形检验**

| KMO 取样适切性量数 | | 0.815 |
|---|---|---|
| 巴特利特球形检验 | 近似卡方 | 367.570 |
| | 自由度 | 91 |
| | 显著性 | 0.000 |

资料来源：整理自笔者的研究资料。

**表 4-4　总方差解释**

| 成分 | 初始特征值 | | | 提取载荷平方和 | | |
|---|---|---|---|---|---|---|
| | 合计 | 方差贡献率 % | 累计贡献率 % | 合计 | 方差贡献率 % | 累计贡献率 % |
| 1 | 5.104 | 36.457 | 36.457 | 3.453 | 24.665 | 24.665 |
| 2 | 1.498 | 10.698 | 47.155 | 3.105 | 22.177 | 46.842 |
| 3 | 1.283 | 9.164 | 56.319 | 1.237 | 8.838 | 55.679 |
| 4 | 1.174 | 8.384 | 64.703 | 1.212 | 8.655 | 64.334 |
| 5 | 1.058 | 7.554 | 72.257 | 1.109 | 7.923 | 72.257 |

注：提取方法为主成分分析法。

资料来源：笔者的研究资料。

### （三）因子命名

从表 4–4 可以看出，因子 1 的方差贡献占最大比例，解释了特征根总和的 24.665%。它对反映组织内部相互适应程度的五个企业文化陈述（表 4–5 中的 A1、A2、A3、A4、A5）贡献了最大的负荷，因此可以被命名为“适应性”。第二个因子解释了 72.257% 的特征根总和的 22.177%，表明它对中国投资者对德国标的企业所实施的整合程度有很大影响。它也包括五个陈述（表

表 4–4 影响因子命名

| No. | 陈述 |
|---|---|
| A： | 影响因子 1——适应性 |
| 1 | 中德高层合作 |
| 2 | 互相学习的意愿 |
| 3 | 双方对多元文化的态度 |
| 4 | 德国人与原来德国企业的心理距离 |
| 5 | 领导对文化融合的重视 |
| B： | 影响因子 2——一致性 |
| 1 | 领导的沟通能力 |
| 2 | 员工对整合的态度或情绪反应 |
| 3 | 清楚了解未来的战略、愿景、使命 |
| 4 | 领导个人魅力 |
| 5 | 中下层领导战略实施 |
| C： | 影响因子 3——参与性 |
| 1 | 喜欢单独工作倾向 |
| 2 | 自下而上收集决策信息 |
| D： | 影响因子 4——平衡性 |
| 1 | 重视产品质量而非单纯追求效率 |
| E： | 影响因子 5——灵活性 |
| 1 | 灵活而非固定的工作时间 |

资料来源：笔者的研究资料。

4–5 中的 B1、B2、B3、B4、B5），涉及整个组织内从高层到中层再到基层员工的协调，支持员工对未来愿景的理解。因此，它可以被认为是“一致性”。第三个提取因子的解释率达到 8.837%，对应于代表群体取向和赋权的两个项目（表 4–5 中的 C1、C2）。因此，这个因子被命名为“参与度”。虽然因子 4 和因子 5 各只包含一项，但本调研保留了它们，没有删除，因为它们的系数相对较高（分别为 0.883 和 0.895）。因子 4 和因子 5 分别代表追求产品质量和生产效率的平衡及工作时间灵活性之间的平衡，因此将它们分别命名为“平衡性”和“灵活性”。因子 4 和因子 5 分别解释了 8.655% 和 7.923% 的变异。

### （四）单因子变异数分析结果

差异分析采用单向方差分析，以验证评估所提取的五个主要企业文化维度对中国收购方整合其德国子公司程度的影响在人口统计数是否存在差异。

根据表 4–6，除了少数 $p<0.05$（即因子 1 年龄、因子 3 学历和员工数量、因子 4 工作年限和职位以及因子 5 性别）外，大多数人口统计变量没有显著差异因子。由此可见，五因子结构模型对于中国在德国市场反向收购后的整合实践具有一定的普遍性。

表 4–6　人口统计变量的差异分析

| 序号 | 性别 | 年龄 | 学历 | 工作年限 | 职位 | 企业性质 | 商业种类 | 员工数量 |
|---|---|---|---|---|---|---|---|---|
| 1 | 0.632 | 0.032* | 0.792 | 0.818 | 0.348 | 0.453 | 0.320 | 0.986 |
| 2 | 0.784 | 0.068 | 0.577 | 0.739 | 0.734 | 0.056 | 0.518 | 0.485 |
| 3 | 0.644 | 0.973 | 0.001** | 0.784 | 0.838 | 0.415 | 0.350 | 0.034* |
| 4 | 0.955 | 0.292 | 0.314 | 0.021* | 0.016* | 0.591 | 0.497 | 0.602 |
| 5 | 0.007** | 0.469 | 0.279 | 0.583 | 0.167 | 0.588 | 0.224 | 0.210 |

注：* 表示 $p<0.05$，** 表示 $p<0.01$。

资料来源：笔者的研究资料。

### （五）双变量斯皮尔曼（Bivariate Spearman）分析结果

为了进一步探讨上述五个主要组织文化维度与中国收购方整合其德国标的企业的程度之间的相关性，本书计算了双变量斯皮尔曼等级相关系数（见表 4–7）。将这五个组织文化因子的李克特平均分数作为因变量（例如，因子 1 的平均值是使用 Excel 计算的），受访者选择的整合模式被视为自变量。作为一种序数变量，它适用于使用双变量斯皮尔曼等级相关系数（Bonett 和 Wright，2000）。通常，对于 Spearman 相关系数 ρ，$p<0.05$ 被认为具有统计学意义（Myers 和 Sirois，2006）。

有趣的是，从验证相关性的结果（见表 4–7）观察，因子 1（适应性）和整合程度（Spearman $\rho=-0.268$，$p=0.028<0.05$）间存在显著的负相关，表明并购后新合并的组织中该因子即适应性越强，中国投资者整合其德国子公司的程度越低。而其他四个组织文化维度与中国投资者偏好的整合程度没有显著的线性相关。

表 4–7　双变量斯皮尔曼相关系数

| | | | 整合程度 | 因子 1 | 因子 2 | 因子 3 | 因子 4 | 因子 5 |
|---|---|---|---|---|---|---|---|---|
| 斯皮尔曼相关系数 | 整合水平 | 相关系数 | 1.000 | –0.268* | –0.161 | 0.054 | –0.046 | 0.032 |
| | | 显著性（双侧） | — | 0.028 | 0.193 | 0.662 | 0.712 | 0.796 |
| | | 数量 | 67 | 67 | 67 | 67 | 67 | 67 |

注：* 表示相关性在 0.05 水平上显著（双侧）。** 表示相关性在 0.01 水平上显著（双侧）。
资料来源：笔者的研究资料。

## 四、讨论

从 PCA 主成分分析出发，本书提取了五个具体的组织文化维度作为影响中国投资者管理其德国子公司时所实施的整合程度的主要组织文化维度。作为占特征根总和 24.665% 的最大因子，适应性是最重要的指标，也是预测中国投资者将会启动何种程度的整合战略决策的唯一预测因子。适应性与整合程度的负相关关系表明，并购后新合并组织的适应性越强，中国跨国公司整合其德国市场标的企业的程度越低。这可以从以下方面解释。

首先，如果中德高级管理人员合作顺利，双方员工愿意以积极的态度相互学习，中国投资者则倾向于采取较少的行动将德国标的企业的组织或运营结构或部门吸入中国母公司的系统中。这一发现得到了 Weber 等（2011）的证实。Weber 等（2011）指出，在国际并购中，收购方和被收购方高层管理团队之间的合作及整合程度间的关系是负向的。此外，如果领导者更加重视双方的合作，德国员工与他们原来的德国组织之间的心理距离大，将有助于提高新合并的组织的适应性。这种情况下，中国收购者不太可能实施完全的控制和吸收德国标的企业。这一发现也记录在先前的文献中，例如，Rao-Nicholson 等（2016）表明，如果有可见的领导者的互动和支持，标的企业员工的心理安全将得到提高，这会加速标的企业的员工对新组织的快速适应；而当跨国公司收购方表现出迫使标的企业失去自主权时，很可能会遇到标的企业员工的负面情绪。

其次，其余四个因子作为预测因素没有显示出显著性。然而，它们在旋转后的因子载荷矩阵的结果已证明它们也有影响力的贡献。一致性维度占特征根总和的 22.177% 的贡献表明，一致性是影响中国投资者实施整合程度的第二个关键指标。它反映了中高层管理人员的沟通技巧和个人魅力，以及基层管理人员对未来标的企业的清晰理解和一致的发展愿景。这一发现与 Lee 等（2013）的观点一致。Lee 等（2013）认为，经理们应在实施必要的变革和更好地理解员工的反应间取得正确的平衡。从魅力型领导的角度看，Giessner 等（2016）认为，在收购后的整合过程中，整个高层和中层管理人员的结构化管理团队对员工对并购后未来愿景的积极认识至关重要。此外，中国投资方所要实施的整合程度还受到收购后新合并组织中的员工对群体导向性工作和决策过程参与程度的影响。这一结论与 Kavanagh 和 Ashkanasy（2006）的建议一致，即各级工作人员都应参与整合方法的选择。

最后，产品质量和生产力之间的平衡以及工作时间的灵活性也会影响中国投资方对收购后新合并的组织进行何种程度的整合偏好。Fuchs 和 Schalljo（2016）推测，中国管理者偏向于以牺牲产品质量和不尊重员工合法工作时间来追求生产效率，而这挑战了“西方职业道德”，因而德国员工可能会与中国投资者保持距离，也增加了收购后员工离职的可能性，这可能会限制中国投资者实施整合的潜力。

## 五、小结

大部分现有文献将国家文化与并购后的整合联系起来，但具体的组织文化维度与新兴市场投资者在发达市场并购后对标的企业所实施的整合程度之间的关系并不明确。基于对中国跨国企业在德国市场收购后整合案例的问卷调查，本书揭示了五个主要的组织文化维度（即适应性、一致性、参与度、平衡性和灵活性）会影响中国收购者采用不同的整合程度来管理其收购的德国标的企业。此外，本书发现，适应性是预测中国投资者将采用的整合程度的唯一重要的组织文化预测因子。并购后新合并的组织的适应性与中国跨国企业对发达市场标的企业要实施的整合程度的负相关关系表明，新合并的组织的适应性越强，中国投资者越可能实施较低程度的整合，以管理其收购的发达市场标的企业。

# 第二节 整合德国标的模式的动态演化及影响因素

现有证据表明，新兴市场跨国企业更偏好完全保存它们收购的发达市场的标的企业，或与标的企业进行合作，只有少数新兴市场跨国企业直接吸收标的企业（陈小梅、吴小节、汪秀琼、蓝海林，2021；刘伟、蔡志洲，2018；颜士梅，2012；周路路、赵曙明、王埏，2012）。然而，最近学术界和社会专业并购管理人士都质疑这些较低程度的整合是否只是暂时的措施，并无法全面揭示新兴市场跨国公司长期的整合过程（孟凡臣、刘博文，2019；崔永梅、赵妍、于丽娜，2018；杨勃、张宁宁，2020）。新兴市场跨国公司所实施的整合模式将会如何随时间的推移而演化？以及哪些因素会影响新兴市场跨国公司改变其整合模式？几乎没有经验证据能够回答这些问题。

## 一、背景介绍

在当前的全球对外直接投资的舞台上，并购是一种广受欢迎的组织跨越式扩张方式（Ai 和 Tan，2018）。跨境并购是发达市场跨国公司进行有效资源配置和有机竞争的一项重要战略（Bhabra 和 Huang，2013；Rouzies 等，2019；孟凡臣、谷洲洋，2021）。在过去的几十年里，跨国公司广泛的并购行动激发了学术研究中大量的实证命题（He 和 Zhang，2018）。近年来，随着新兴市场跨国公司对外投资活动的增多，学者们开始将注意力转移到新兴巨头的国际扩张战略上（Deng 等，2018；Liu 和 Woywode，2013；Qiu 和 Homer，2018）。其中，来自中国跨国企业的跨境收购引起了学术界不同学科的广泛关注（Rouzies 等，2019）。尽管 2008 年爆发了全球金融危机，但中国跨国企业跨境并购交易量在 2011～2015 年保持 17% 的正常增长率。此后，中国在全球对外直接投资的排名中飙升至首位（寇蔻、李莉文，2019）。在参与并购交易方面，中国被认为是高增长的国际经济实体中最突出的（Bhabra 和 Huang，2013）。值得注意的是，中国跨国公司对发达市场的知识密集型行业（例如，机械、高科技技术）逐渐表现出较高的收购兴趣，这被学术界称为“反向并购”（龚丽敏、胡岩、江诗松、陈博康、游文利，2022）。尽管与 2016 年相比，2017 年中国的整体跨境收购量下降了 11%，但中国针对发达市场资产寻求的反向并购交易正在增加（颜士梅、张钢，2020）。

许多研究从不同方面阐明了新兴市场跨国公司发起的收购。有些学者着重于探索其独特的动机驱使其收购发达经济体的公司（Garbuion 和 Lovallo，2017；Rexhepi 等，2017）。一些研究旨在解释新兴市场跨国公司对其跨境并购后财务绩效的不满（Alaaraj 等，2018；Rua，2018；韩蕾，2019），其中，并购后的整合管理被认为是一个关键影响因素（Deng 等，2018）。可以说，新兴跨国公司面临着制定恰当、合适的整合机制的挑战，以实现协同效应并创造价值（Rouzies 等，2019；任曙明、王倩、韩月琪、李莲青，2021），然而，相关研究还处于起步阶段。现有的零星研究认为，新兴跨国公司在并购发达市场标的企业后的整合过程中，更愿意采用与发达市场标的企业“合作”的模式。然而，还没有研究探讨这种“合作”模式是否会随着整合时间的推移而发生变化。正如 Sun（2018）所怀疑的那样，“合作”模式能否揭示中国跨国企业反向并购后长期的整合过程，这是一个很大的问题。因此，有必要从动态视角，将时间因素纳入考虑，探讨随着整合时间的推移，新兴跨国公司整合其收购的发达市场标的模式潜在的演变。

本书力求阐明两个研究标的企业：①随着整合时间的推移，新兴跨国公司整合其收购的发达市场标的模式将会如何演变？②哪些因素影响了其演变？为了回答这两个问题，本书考察了中国跨国企业在德国市场发起的 6 个收购案例。研究结果表明，随着整合时间的推移，中国跨国企业对其德国标的企业采取的整合模式演化是一个分段线性过程：从收购后的第一年几乎没有整合，到第二年、第三年的中期阶段着重组织整合，再到第四年开始的长期阶段的着重生产整合。具体来说，本书识别出了三个不同的子路径，并将它们描述"部分共生"和"部分吸收"的路径A"合作伙伴—组织优化—生产优化"，"完全保存"的路径B"保存—组织保存—生产保存"，"全吸收"的路径C"保存—组织集中—生产混乱"。最初一年几乎没有整合的情况主要是并购双方信息不对称和标的企业战略地位造成的；中长期整合路径的变化主要是由中国跨国公司的不同动态能力引起的。中国收购者的公司所有权似乎并不是影响中国跨国公司在并购后不同整合阶段采取不同整合策略的显著影响因素。本书收集并记录了由中国跨国公司在发达市场发起的至少四年间多阶段、动态的整合模式演变，以往研究中未对这种方式进行过调查。本书有助于拓宽新兴市场跨国公司反向并购后的整合管理的理论。

## 二、研究方法

### （一）案例选择

本书采用多案例研究法分析中国跨国公司对其德国标的企业实施的长期的动态整合路径。多案例方法不仅克服了从单案例分析异质观察的缺点，还可以通过不同背景下的跨案例比较扩展研究结果的普遍适用性（Lebedev等，2015）。有目的地选择适用案例是因为有目的的多标准抽样有利于深入的跨案例比较（范黎波、武天兰、翟正男，2018）。本书侧重于中国跨国公司在德国市场发起的收购，原因有两个。

首先，德国市场吸引了中国投资者的大量关注。据中国商务部（2017）统计，在中国跨国企业对欧盟市场的对外直接投资中，德国市场排名第一。

其次，本书集中于由中国收购者决定的收购后整合策略。因此，区域效应不会影响研究结果。此外，样本被缩小到工业部门，以突出中国跨国企业在德国市场并购的代表性。定性案例研究很难产生适合所有行业的结果，因此，关注典型行业的案例有助于探索更广泛的现象（Schweizer，2005）。德国工业领域的先进技术和管理知识对中国投资者来说至关重要，中国跨国企业在德国市场的投资中，有 51.8% 流向了德国制造服务业（中国商务部，2017）。

Zheng 等（2016）指出，并购后的早期整合阶段（即交易完成后的最初 6 ~ 12 个月）无法显示出可见的整合模式。此外，Hoffman（2013）发现，跨国企业通常至少发起两次整合浪潮（第一年是监督，第二到第三年解决外部和内部限制，如政治法规，以消除进一步整合的障碍）。因此，本书的理想案例应该至少是 4 年前发生的案例，以从长期视角审视中国跨国公司如何以及为什么在长期改变其整合模式。由于本书在 2017 年进行，因此，2014 年后发生的案例被排除在外。

本书从 SMB Consultants（2017）的收购报告中搜索潜在案例。该报告列出了 2005 ~ 2017 年中国跨国企业在德国市场的重大收购案例列表（共 191 个案例）。为了保证数据库的准确性，本书人工手动检查审核了案例列表，排除了不符合上述挑选标准的案例。其中，94 例发生在 2014 年前。在这 94 个案例中，30 个案件不在工业部门，8 个案件内的企业已经永久关闭。根据 Eisenhardt（1989）的建议，考虑到时间成本和财力成本的限制，在多案例研究中，调查 4 ~ 10 个案例通常是典型且适当的。在剩余的 59 个案例中，首先，通过电子邮件、电话或个人人脉网络联系了 4 个潜在样本。特意选择了由不同公司所有权的中国跨国企业收购者发起的 4 个案例，以进一步提高跨案例的可比性。其中，2 个案例由中国民营企业发起，另 2 个案例由中国国有企业发起。在排除了拒绝采访请求的某国企收购案例的潜在受访者后，本书继而成功联系了另一起国企收购案例的参与者。其次，对 4 个样本进行了初步数据分析，结果显示需要进一步研究。因此，又联系并调查了另外 2 个案例（1 个民营企业收购案例和 1 个国营企业收购案例）。分析结果开始变得重复，没有从数据中提取更多的新见解。因此，最终以 6 个合格的样品完成了研究。所选案例的基本信息如表 4-8 所示。

表 4-8　案例信息概览

| 案例 | 所有权（母公司 / 标的） | 员工人数（母公司 / 标的） | 交易年份 | 金额（百万美元） | 核心业务和市场地位（收购方 / 标的） | 收购方前期的收购经验 | 并购动机 |
|---|---|---|---|---|---|---|---|
| A | 私营（上市）/ 家族 | 17000/3000 | 2012 | 360 | 中国最大的重型设备制造商之一；2000 年中国混凝土输送泵市场占有率第一 / 曾经是世界顶级混凝土输送泵生产商的领导者之一 | 一些国际活动，如在美国和印度设立研发中心，但首次在国外收购 | 寻求高端技术并进军国际市场 |
| B | 私营（上市）/ 家族 | 22000/2300 | 2012 | 119 | 中国最大、发展最快的汽车内外饰件生产商 / 曾经是电动汽车和混合动力汽车电池生产商的国际领导者 | 多次国内收购和众多国际活动，如在德国和美国设立研发中心和子公司，但首次在国外收购 | 通过寻找高端互补标的企业来升级产品组合 |
| C | 私营（未上市）/ 家族 | 1000/200 | 2010 | 10 | 中国中小型汽车模具制造商 / 德国优质汽车模具制造商 | 无海外经验，首次跨境收购 | 拓展欧洲市场 |
| D | 国营（上市）/ 合资 | 74000/1400 | 2012 | 271 | 中国最大的汽车零部件集团；主要生产柴油发动机 / 曾经是德国工业叉车制造巨头的子公司；提供世界一流的液压系统 | 在东南亚设立子公司等众多国际活动，但首次海外收购 | 通过寻找高端互补标的企业来升级产品组合 |

续表

| 案例 | 所有权（母公司/标的） | 员工人数（母公司/标的） | 交易年份 | 金额（百万美元） | 核心业务和市场地位（收购方/标的） | 收购方前期的收购经验 | 并购动机 |
| --- | --- | --- | --- | --- | --- | --- | --- |
| E | 国营（中国国家和欧洲公司的合资企业）/家族 | 28000/1200 | 2013 | 400 | 一家拥有机场设施、物流服务等多元化投资组合的全球巨头企业集团/曾经是世界一流的消防车和机场救援车生产商 | 大量的国内和全球收购 | 通过寻找高端互补标的企业实现产品组合多元化 |
| F | 国营（未上市）/家族 | 18000/150 | 2009 | 8 | 中国历史最悠久的传统机床集团；生产中小型机床/曾经是世界一流的大型机床生产商 | 无海外经验及首次海外收购 | 拓展欧洲市场 |

资料来源：笔者的研究资料。

### （二）数据采集

本书采用深度访谈的方法，通过半结构化访谈问卷收集数据。与固定格式的封闭式问卷不同，半结构式问卷不仅具有标准的结构和要素，以保证一定的可比性，而且可以根据受访者的背景和知识在采访过程中灵活调整采访问题以获取更多的信息数据（van den Oever 和 Martin，2018）。本书基于 Kale 和 Singh（2012）框架，设计了基于"结构整合"和"活动协调"的基本采访大纲，并开发了有关组织结构和生产结构变化的附加问题，以进一步识别中国跨国公司在长期所实施的整合模式的演化。采访大纲分为两部分。

首先，受访者被要求描述和评论在并购后的整合开始时，中国跨国公司对标的企业的组织结构（例如，自主权、决策过程、离职率）和生产结构（例如，技术协调、生产变化、市场细分、客户定位）的干扰程度；标的企业对中国跨国公司的干扰的反应如何。

其次，他们被问到随着整合时间的推移，中国跨国公司的整合模式是否有任何变化。如果发生了变化，则询问受访者何时发生的变化以及发生变化的原因和方式。

在正式采访之前，本书首先与三位在德国工作的、经验丰富的并购顾问进行了简短采访，以确认采访大纲中访谈问题的有效性和可行性，并根据他们的建议修改了采访问题的语言，以便受访者更加易于理解。三位并购顾问的简要信息如表 4-9 所示。2017 年 3 月至2018 年 9 月，本书通过面对面、Skype 或电话交谈的方式，对 21 名受访者进行了 25 次访谈，每次访谈时长大概为 40 分钟至 2 小时。访谈中，根据受访者的不同身份灵活调整了采访问题以便获取更丰富的数据；同时保留了基本的采访问题结构，以保证后期数据的可比性。所有的受访者都被允许就他们丰富的观察提供自由叙述。其中，本书重新联系了 4 名受访者，以确认他们最初第一次采访中含糊不清的信息。受访者是直接参与并购后的整合流程且在德国标的公司工作了 4 年以上的中德高层管理人员和普通员工。这些受访者可以提供关于长期的整合见解。受访者基本信息如表 4–10 所示。同时，为了补充数据和对采访数据进行三角测量，本书从以前的文献、专业媒体、案例公司的网站和内部报告中收集了二手档案数据。

表 4–9　受访顾问信息概览

| 顾问 | 职位 | 工作 | 工作时间 | 受访次数 | 受访时长（分钟） | 采访语言 | 采访形式 |
|---|---|---|---|---|---|---|---|
| 1 | 总监 | 德国的投资银行 | $10^{+}$ | 1 | 60 | 汉语 | 面对面 |
| 2 | 总监 | 德国的咨询公司 | $20^{+}$ | 1 | 60 | 汉语 | 面对面 |
| 3 | 高管 | 德国的咨询公司 | $10^{+}$ | 1 | 40 | 汉语 | 面对面 |

注：$10^{+}$ 表示 10 年以上。$20^{+}$ 表示 20 年以上。

资料来源：笔者的研究资料。

表 4–10　受访者信息概览

| 案例 | 职位 | 目前工作于 | 工作时间 | 受访次数 | 受访时长（分钟） | 采访语言 | 采访形式 |
|---|---|---|---|---|---|---|---|
| A | CLO | 标的 | 6 | 1 | 40 | 汉语 | Skype |
| | 创始人 | 标的 | $10^{+}$ | 1 | 60 | 英语 | Skype |
| | 副总经理 | 收购方 | 5 | 1 | 60 | 汉语 | 电话 |
| | 并购总监 | 收购方 | 5 | 1 | 50 | 汉语 | 面对面 |
| B | 采购和供应链部门总监 | 标的 | 6 | 1 | 60 | 汉语 | 电话 |
| | 人力资源总监 | 标的 | 5 | 1 | 40 | 英语 | 电话 |
| | 并购部总监 | 标的 | 4 | 2 | 110 | 汉语 | 面对面 |
| | 全球并购经理 | 收购方 | 5 | 1 | 40 | 汉语 | Skype |

续表

| 案例 | 职位 | 目前工作于 | 工作时间 | 受访次数 | 受访时长（分钟） | 采访语言 | 采访形式 |
|---|---|---|---|---|---|---|---|
| C | CEO | 标的 | 4 | 2 | 180 | 汉语 | 电话 |
| | CEO 助理 | 标的 | 4 | 1 | 95 | 英语 | 电话 |
| | 人力资源总监助理 | 标的 | 4 | 2 | 150 | 汉语 | 电话 |
| D | 管理委员会常务董事 | 标的 | 6 | 1 | 40 | 汉语 | Skype |
| | 技术部门总监 | 收购方 | 6 | 1 | 100 | 汉语 | 电话 |
| | 技术部门总监 | 标的 | 6 | 1 | 50 | 英语 | 电话 |
| | CRO | 标的 | 4 | 1 | 50 | 英语 | 电话 |
| E | CEO | 标的 | 5 | 1 | 40 | 汉语 | Skype |
| | 技术部门员工 | 标的 | 10⁺ | 1 | 120 | 汉语 | 电话 |
| | 并购部总监 | 收购方 | 4 | 1 | 90 | 汉语 | Skype |
| F | 市场部总监 | 收购方 | 7 | 1 | 140 | 汉语 | Skype |
| | 市场部总监 | 标的 | 10⁺ | 2 | 190 | 英语 | Skype |
| | 并购部总监 | 收购方 | 4 | 1 | 60 | 汉语 | 电话 |

注：CLO 表示首席联络官；MD 表示常务董事；P&SC 表示采购与供应链；CRO 表示首席重组官。

资料来源：笔者的研究资料。

## （三）数据分析

本书遵循内容分析和编码技术的既定程序以组织和分析访谈数据（Charmaz，2014；Erlingsson 和 Brysiewicz，2017；Yin，2003）。

首先，根据受访者的要求，将访谈录音并匿名转录成文本。

其次，使用 MAXQDA 12 软件通过从数据中提取和编码短语、术语、句子进行数据的组织和分析。MAXQDA 12 适用于通过理论和数据间的交叉引用来分析探索性定性材料，通过轻松调整代码形成具有类别和主题的系统及分层编码树（Charmaz，2014）。

首先，本书对最容易归类的案例进行分析，分析过程如下：最初的编码元素是基于 Kale 和 Singh（2012）框架的两个维度（结构整合和活动协调）构建的，围绕几个主题（如标的企业的自主性、中国收购方的干预、组织变革、知识转移、活动协调、运营变革、与中国母公司系统的一致性）。

其次，将基本级别的代码分类并合成到更高级别的主题。该案例分析的结果显示出三个明显的整合变化时间阶段，即初期（收购后的第一年）、中期（第二年到第三年）和长期（第四年以及以后）。为了加强后续案例的可比性，在对其余案例进行编码时，继续采用这种时间段划分方法。这个方法支持将每个样本视为不同实验，以确认或否定观察结果的复制逻辑（Zheng 等，2016）。这里的时间区分旨在澄清将整合过程概念化为几个不同阶段的概念。然而，实际时间阶段的边界可能不如本书这样简单时间划分得清楚，因为实际情况可能要复杂得多。其余案例依次逐案编码。在单一案例分析之后进行了跨案例分析，编码元素和主题不断发展和升级。之后反复、回顾性地分析了各级编码的概念主题和类别，直到达到理论饱和出现新兴模型框架。

最终，MAXQDA 12 输出的数据探索的最终编码结构如表 4-11 所示。

**表 4-11　MAXQDA 12 编码结果**

| 一阶构造 | 二阶主题 | 三阶维度 | 结论 |
|---|---|---|---|
| 关于保持标的企业所有资源（如品牌、员工）为原创的声明 | 保存（案例 A） | 几乎没有整合（收购后第一年的初始阶段） | |
| 授予标的企业管理人员高度自主权的声明；收购方不干预标的企业而是被动提供战略建议 | | | |
| 关于很少交流和活动互动的声明；标的企业拒绝收购方 | | | |

续表

| 一阶构造 | 二阶主题 | 三阶维度 | 结论 |
|---|---|---|---|
| 关于保持标的企业所有资源（如品牌、员工）为原创的声明 | 合作（案例BDE） | 几乎没有整合（收购后第一年的初始阶段） | |
| 授予标的企业管理人员高度自主权的声明；收购方不干预标的企业而是被动提供战略建议 | | | |
| 关于技术积极沟通、市场活动互动、人员相互轮换等的声明 | | | |
| 除快速合并品牌外，所有标的企业资源（如品牌、员工）均保持原样的声明 | 保存（案例CF） | | |
| 授予标的企业管理人员高度自主权的声明 | | | |
| 几乎没有沟通和活动互动的声明；收购方对标的企业表现出漠不关心 | | | |
| 关于除CEO更换外没有重大变化的声明 | 组织结构保存（案例A） | 组织结构整合（第二年到第三年中期） | |
| 关于主动干扰标的企业组织运作的声明 | 组织结构优化（案例BDE） | | |
| 通过启动一些机制，整合标的企业与母公司的组织体系的声明 | | | |
| 关于收购方的声明控制了一切 | 组织结构集中（案例CF） | | |
| 关于被剥夺标的企业自主权的声明 | | | |
| 关于保持生产、运营、市场等完全独立的声明 | 生产保存（案例A） | 生产一体化（长期第四年及以后） | |
| 关于有选择地升级标的企业生产运营系统并与中国集团标准化的声明 | 生产优化（案例BDE） | | |
| 关于混杂标的企业核心业务的声明 | 生产混乱（案例CF） | | |
| 关于需要时间相互了解的声明 | 信息不对称 | 影响因素 | 最初几乎没有整合 |
| 关于标的企业对中国整合能力不信任的声明 | | | |

续表

<table>
<tr><th>一阶构造</th><th>二阶主题</th><th>三阶维度</th><th>结论</th></tr>
<tr><td>关于标的企业规模小、战略地位低和管理关注度低的声明</td><td>战略地位</td><td rowspan="5">影响因素</td><td>最初几乎没有整合</td></tr>
<tr><td>关于感知标的企业内部管理缺陷的声明</td><td rowspan="2">潜在风险感知能力</td><td rowspan="2">中期组织整合</td></tr>
<tr><td>关于感知标的企业人力资本的声明（如道德、能力、个性）</td></tr>
<tr><td>关于传感产销发展趋势的声明； 协同效应实现潜力</td><td>发展潜力感知能力</td><td rowspan="2">长期生产整合</td></tr>
<tr><td>关于利用标的企业资源的声明：公司特有的优势，如人才、全球网络、市场优势等</td><td>资本化能力</td></tr>
</table>

## 三、研究结果

### （一）整合模式的动态演化路径

1. 初始阶段（收购后的第一年）：几乎没有整合

（1）保存模式（案例 A）：将标的企业视为一个完全独立的实体，收购方 A 仅提供战略建议。只有 1 名中国高管被委派为首席联络官进行协调，但他无权干涉德国标的企业的日常运作。除每月向中国集团报告财务业绩外，德国标的所有资源都被完全保留了下来，没有发生任何变化。这家中国跨国公司投资者为德国标的带来了大量现金，以支持德国标的恢复其正常运营，例如，建立新的办公楼、员工食堂、生产工厂和仓库。首席联络官解释说，这种保存模式旨在保留德国标的核心人员和尖端技术。但首席联络官也悄悄承认，由于德国员工对中国收购方存在心理阻力，中国收购方很难与德国员工进行良好的沟通。德国员工似乎对他们的新老板不满意。收购方 A 的副总经理抱怨说："他们（德国标的 A）固执己见，经常对我们的发展建议充耳不闻。"

（2）合作模式（案例B、D 和E）：与案例A类似，在案例B、D和E中，德国企业所有的资源都保持完整。德国经理被保留了下来。其中，以内部人员提拔而非外部聘请的方式来取代退休的德国老员工。原有的德国财务制度和体系仍在使用。除此之外，建立了符合中国财务报告标准的财务报告制度，以向中国母集团汇报年度财务要素。在这三个案例中，中国跨国公司都安排了一名中国人作为“边界扳手”进入德国标的来协调双方的需求。这三个“边界扳手”中的两个人（案例B 和D）加入了德国标的公司的咨询委员会作为“沟通者”，另一个“边界扳手”（案例E）被直接任命为德国标的企业的首席执行官。然而，他们都没有干预德国标的的具体运营，只是提出战略建议供德国员工参考。

然而，与案例A不同的是，在案例B、D 和E 中，并购双方的交流频繁且持续。标的企业B的人力资源总监认为，“中国人的反馈很及时——有很多面对面或视频会议，比如，召开季度发展会议、技术研讨会等”。标的企业D的技术总监说：他们（收购方 D）明确地向我们传达了他们未来几年的发展蓝图。他（此案例中的那位“边界扳手”）为人随和，经常询问我们的意见。即使是我们的普通员工也可以直接和他谈公司的不足或我们想要发展的方向。他说他办公室的大门随时为我们敞开。这些中国跨国公司似乎得到了德国标的企业的积极认可。另外，中国投资者通过双方人员频繁的相互轮换和协调双方的市场，获得了德国员工的技术指导。还有一些中国普通员工被分配到德国标的中的不同部门，以提供一些支持性活动。

（3）保存模式（案例C 和F）：在案例C 和F 中，除了立即把德国标的的品牌合并到中国品牌名称后面外，德国标的企业的大部分资源同样保留在被收购前的状态，没有任何干预和改变。德国管理人员依然持有很大的自由裁量权，没有中国高管的加入或干预。与德国标的企业A的抵制相反，在这两个案例中，德国标的企业C和F的员工对于给他们带来大量现金的中国投资者C和中国投资者F表示积极欢迎。德国员工都认为此次收购是他们德国品牌“有希望的复兴”。然而，事实却并不像他们想象的那样。德国员工对中国收购方的沟通不足和效率低下感到困惑。标的企业 C 的人力资源助理抱怨说：“她（中方股东）在收购之后很少来我们这里。即使她来了，也没有在会议上专心听我们说话。她经常立即忘记我们的要求。我们得一次又一次地重复我们的运营情况和发展需求。她似乎根本不把本我们当回事。”标的企业 F 也面临类似的冷漠，其营销总监表示：“信息是不透明的。我们不知道他们（中国收购方 F）想做什么。他们的行动往往与他们承诺或宣布的不同。”在这两个案例中，最小程度的互动似乎是中国收购者故意忽视的结果，而不是源于德国员工的抵制。

2. 中期阶段（第二年至第三年）：组织整合

（1）组织保存（案例 A）：中期阶段，案例 A 仍接近理想的保存状态，只有略微的变化。由于与中国投资者的一些管理理念有冲突，德国标的企业 A 原来的德国首席执行官在并购后的第二年自动离职。很快，一位空降的德国人接替了他的位置，成为新的首席执行官。这位新的首席执行官是一位在亚洲公司有多年的工作经验、并了解中国公司运作和行为方式的德国高层管理人员。除此之外，没有其他方面的调整。此外，德国标的企业的全球子公司的许多人员进行了调整，但中国收购方 A 的并购总监强调，“这些调整不是我们的要求，而是由他们（德国标的企业 A）内部的管理团队决定的。”

（2）组织优化（案例 B、D 和 E）：从第二年开始，中国收购方第一年的“观望”态度发生了转变，开始积极的干预德国标的企业的具体运作。案例 B 中，先前被派入德国标的那位中国“沟通者”被提升为德国标的的采购与供应链部门的负责人，与其他德国高管拥有同等的投票权和决策权。中国收购方 D 派出的那位中国“沟通者”成了德国标的企业顾问委员会的常务董事，在公司具体运营中的某些情况下需要他的最终许可。中国收购方 E 派出的那位中国首席执行官开始挥舞权杖。他说：“不像第一年本人不干预他们（标的企业 E）的决策，后来，本人仍然喜欢咨询他们是否有建设性的意见。

但如果他们的意见没有建设性，本人会果断地做出自己的决定并要求他们执行。”同时，这三个中国收购方启动了一些组织整合机制，将德国标的企业的组织架构与中国母集团的系统进行了一致性整合。在中国投资方 A 的支持下，德国标的企业 B 在中国 A 股市场上市，并将德国资产注入了中国母公司，德国经理人也加入中国公司董事会，从此开始为整个中国集团做贡献。德国标的企业 D 的销售团队也进行了整体重组。新招聘了一些年轻的德国员工取代了原来的销售部门的老德国员工。销售部门的办公室与技术部门的办公室搬进了同一栋大楼，以协调公司的整体运营，而不仅仅是关注各自部门的表现。在德国标的企业 E，原来德国式扁平的管理被中国式的执行委员会组织结构所取代。中国式执行委员会组织结构有三个常务委员会经理席位和两个轮值席位，这两个轮值席位由德国标的企业 E 的全球子公司的候选人进行填补。此外，还发布了带有中国标准化文件的“集团规则”，以集中标的企业 E 全球子公司的先前分散的组织部门（如财务部门、销售部门、供应商）。

（3）组织集中（案例 C 和 F）：从第二年开始，中国收购方 C 和 F 引入了“两级管理系统”。在每一个案例中，中国收购方都派出了一名中国高管作为首席执行官进入德国标的企业，取代了原来的德国首席执行官。与案例 B、D 和 E 不同，案例 C 和 F 中的这些中国首席执行官是控制而不是协调德国标的企业。德国管理人员被剥夺了原有的自主权，被降级为没有实权的名义代表。在这两个案例中，德国标的企业都必须每天将所有运营文件交给中国首席执行官签字，以获取所需的生产材料和运营许可。令人惊讶的是，即使是这些中国首席执行官也必须经常向中国股东报告每一个具体问题以征求其许可。最终的决定实际上是由中国股东做出的。后来，情况变得更加混乱，中国首席执行官都无缘无故被解雇，并很快被股东的亲信取代。德国标的 F 的首席执行官更是经常更换。先后至少有 5 名中国人被派往德国标的企业 F 担任首席执行官。这些人员更换有时甚至并没有通知德国经理。各部门的裁员人数也不断增加。

3. 长期阶段（第四年及以后）：生产整合

（1）生产保存（案例 A）：对于中国收购方 A，生产保存似乎是一个妥协的方案。中国收购方 A 曾尝试向标的企业 A 学习，但未成功。首席联络官表示，由于标的企业拒绝传授技术知识，中方无法进入全球市场进行地域扩张。双方的市场继续单独维护，即中方仍然只向中国市场销售，德国标的 A 仍然专注于其原有的国际利基市场。在采购运营上，德国标的 A 坚持控制从其欧洲原来的供应商那里采购原材料，而不是进口亚洲资源，以充分保证质量。德国标的企业 A 表示，将德国的采购渠道与中国收购方的采购渠道统一起来绝不是它的选择。

（2）生产优化（案例 B、D 和 E）：从第四年开始，这三个中国跨国公司的整合方向朝着更加务实的方向发展。他们开始有选择地升级德国标的企业的运营系统，并将其与中国母集团的生产运营系统标准化。标的企业 B 的采购与供应链部门已从其先前不同标准的分散系统完全调整为中国式标准化的全球采购和整体采购。正如中国采购与供应链部门总监解释的那样，“与我们中国母公司的其他海外子公司一样，我们不再以德国品牌的名义采购，而是以中国母集团的名义进行采购。”在案例 D 中，在中国建立的联合研发中心和工厂连接了双方的生产。由双方技术人员和跨国组装商及供应商组成的联合项目团队为双方的运营带来了明显的好处。德国标的企业 E 的生产线也进行了中国式的系统化，进行了彻底改革，从原来的按车型分组调整成按零部件装配线分组，使得权责划分更加明确。

（3）生产混乱（案例 C 和 F）：德国标的企业 C 和 F 情况最为严重，其生产运营到第四年的时候已经被投资方拖入了一片混乱。其核心业务变得混乱不清。在标的企业 C 中，可追溯到 20 世纪 50 年代的旧压铸机械损坏。然而，股东 C 并且没有为其设备更新进行资本支出。相反，股东 C 改变了德国标的的生产业务：放弃了压铸订单的主营业务，而接了大量的机械零件加工订单。然而，机械零件加工订单是标的企业 C 原来业务体系中的一项辅助业务，既费时又费力，利润很低。同样，精通手工车间生产模式、制造大型机床的德国标的企业 F 被要求批量生产中小型设备。因此，高度认可的德国品牌都受到了严重伤害。向德国标的进行的技术学习更是无效的。股东方完全无视德方提出的建议。收购方 F 派遣的中方轮换人员参观了德国工厂之后什么也没做。德国销售总监评价说："他们来德国似乎是为了旅行，而不是为了学习。"

### （二）影响整合模式的不同演化路径的因素

#### 1.“信息不对称”和“战略地位”：初始阶段——几乎没有整合

在案例 B、D 和 E 中，一方面，虽然中国收购方 B、D 和 E 之前有一些国际举措（例如，设立海外子公司、研发中心或合资企业），但他们在此次并购前都没有过收购发达市场标的企业的经验。由于缺乏对德国商业环境（例如，法律、社会关系）和德国企业运营规则的了解，中国跨国公司试图放慢整合步伐，在交易完成后的第一年采取谨慎的态度从微观观察标的企业实际的管理和运作。另一方面，一些标的（标的 B、D 和 E）出于双方互补性强的产品组合潜力而将中国收购者视为平等的合作伙伴，这些标的企业其实最初并不信任中国收购方的整合能力。这种不信任在案例 A 中表现得更为严重。虽然与中国收购方 A 的产品同质化程度高，但德国标的 A 在过去几十年的国际竞争中遥遥领先于国际市场，因此非常以其技术高超为傲。在这种情况下，为了缓解双方的信息不对称，增进相互了解，在最初的一年中采取妥协的保存策略或者进行大量的沟通和观察是必要且合理的。

与上述收购方的谨慎态度相比，收购方 C 和 F 的保存策略似乎更像是一种不在乎的态度。正如标的企业 C 的 HR 助理所描述的："我们的股东认为他的主战场在中国。"标的企业 F 的营销总监也表示，"他们只是把我们当成一个不值得爱的海外'小妾'。"这可能与标的企业的规模和战略地位有关。更大规模的收购需要更加谨慎；大型标的企业通常被中方战略性地导入到中国跨国公司的全球网络中。而规模较小的标的 C 和 F 可能代表其在中国收购方的全球网络中处于相对较低的战略地位，因此，他们受到中国管理层的关注较少。

2. 感知潜在风险能力：中期组织整合

有证据表明，中期整合举措可能是由中国跨国公司在收购前和初始观察期间对标的企业管理问题和人力资本（例如，员工的个性、能力、态度）的风险感触发的。收购方 B 专注于在收购之前预防潜在的风险。其并购总监强调，“我们只购买经营状况良好的标的，而不是有下行风险或破产的标的”。事实上，一些标的公司往往会在交易前隐瞒自己的实际情况，以在交易中获得更好的议价。当发现标的企业一直在糟糕的管理困境中挣扎时，即使最初有放手的意图，组织结构改革也是必要的。中国收购方 D 的技术总监认为，“他们（标的 D）以前隶属于一个德国集团。他们只为集团供货，缺乏开拓自己外部市场的意识。”收购方 E 的中国 CEO 发现：“他们（标的 E）过度投资高科技研发，而忽视了市场需求，导致他们的产品卖不出去。所以，他们的资金链被打破了。这就是他们破产的原因。对那些效率低下、不合理的组织结构进行调整和优化是必要的。”标的企业 D 的首席重组官补充说：“仅仅提供战略建议是不够的。重组势在必行。有时他们（标的 D）反对重组，这是因为他们并没有意识到问题出在哪里。但这些反对可以通过大量的沟通工作来解决的。当然，前提是我们双方得有共同的发展愿景和共同利益。”

从这个意义上来说，获得标的的支持为潜在的组织优化铺平了道路。用收购方 B 的全球并购负责人的话来说：“收购一家公司实际上是收购员工。我们现在可以顺利整合的前提是我们只考虑购买标的企业的经理人管理层认可我们价值观的公司。如果他们不支持我们，我们就不会购买。”

相比之下，收购方 A 似乎陷入了德国员工不承认此次收购的困境，这是因为收购方 A 在收购之前对标的公司潜在的敌意没那么敏感。标的企业的德国员工试图与中国收购方保持距离并划清界限。这种“疏远”的心态部分原因是德国标的经理人不接受中方这个落后的对手现在成为他们的上司，另外部分原因是德国标的创始人当初是在没有通知其员工的情况下将公司卖给了中国收购者，这其实给员工留下了一些痛苦回忆。该德国标的的工会曾一度举行罢工抗议此次收购。现在，尽管新任的 CEO 试图促进双方的互动，但由于集体对过去辉煌的怀念，这些德国员工仍然在情感上反对中方的干预。中国收购方 A 未能赢得德国标的的青睐。德国标的的创始人回忆道："我们对双方的合作过于自信。收购前本来和中国股东相处得很好，我们都认为员工不是问题。但这确实是个问题。"作为"局外人"被挤出组织，中方收购方 A 发现难以渗透去影响德国标的。

中方收购方 C 和 F 的组织集中化，为忽视标的企业的人力资本和管理风险的次优后果提供了更多证据。收购方 C 在交易完成后的第一年末遭受了巨大的财务损失。然而，各部门却相互推卸责任。CEO 助理抱怨说，"我们公司没有人专门做预算，也不知道订单是否有利可图。所以，有许多莫名其妙的损失。我们的组织结构是有问题的。"事实上，在收购之前，这些管理不善的迹象已经有些明显。当标的濒临破产时，这些德国管理人员曾恶意地提高员工最低工资以获得政府补贴，而没有人真正关心公司的死活，导致公司曾陷入了严重的动荡。然而，当挑选标的时，中方股东只着眼于当时较低的收购价格，并没有仔细审视员工的能力或道德。在整合过程中，许多项目被迫被德国员工搁置，他们以"中国人不懂德国的法律"为借口拖延项目的进程。花费在项目谈判和争吵上的时间及金钱是"不可想象的"。中方收购方 C 紧张起来，开始采用强硬的吸收控制模式。人力资源助理解释说："我们的股东现在严重怀疑这家德国公司在欺骗她。只有她掌控了一切，她才能安心。"首席执行官对此次收购表示遗憾，他说："大多数德国工人在这家公司工作了 30 多年，有些人甚至一生都在这里工作。他们的思维惯性是中国人无法改变的。"所以，在收购一家德国公司之前，了解这家企业的员工的个性和态度是相当重要的。

同样，由于对高科技研发投资的严重超支，标的企业 F 在收购后的第一年也经历了持续的财务业绩下滑。然而，中方收购方 F 并没有试图让标的公司摆脱困境，而是直接剥夺了德国管理人员的权力，立即掌控了公司的运营。这可能主要是因为中方收购方 F 是一家拥有多数股权的国有企业；当地中国省政府控制着该公司 44.82% 的股份。正如 Zhou（2018）所定义，政府持股超过 30% 的国有企业被视为拥有多数股权的国有企业。因此，标的企业 F 的中国经理人不是商业领域的职业经理人，而是中国政府指派的官僚。这与收购方 D 和 E 大不相同，收购方 D 和 E 是由当地政府拥有较少的股权的国有企业。收购方 D 于 2007 年转为上市公司，政府控股 16.83%；收购方 E 是一家中外合资企业，政府控股 23.06%。外派到标的企业 D 和 E 中的中国管理人员均是以市场为导向的中国高管，就像案例 B 中的民营企业收购者一样，他们更关心企业利润的最大化。而标的企业 F 的官僚管理者对有效的公司治理知之甚少，他们对标的企业的管理缺陷和不断恶化的绩效视而不见，更准确地说，他们不知道该做何反应，更习惯于其官僚管理做派，即通过加强个人权威等政治行为来进行管理。收购方 F 的并购总监披露："他们（标的企业 F 中的中国 CEO）完全不懂商业！他们每个人都只是在德国标的企业短期任职，他们的薪酬与标的企业的利润无关，而是与他们在国内的政治职位挂钩。这次收购更像是个当年跟随中国政府倡导的海外投资的对外形象符号，他们的政治任务只是保持这个符号的存在。他们不愿意在他们短期的任职期间承担不可预见的风险或责任。"

3. 感知发展潜力能力和资本化能力：长期生产整合

我们观察到，长期的生产整合可能部分与中期组织整合的程度有关，部分受到收购方感知标的发展潜力和利用标的资源的能力的影响。收购方 B、D 和 E 对其标的的发展潜力的看法是清晰的，即他们要收购高度互补的公司，以通过新的产品组合升级其中国国内的生产线去提升其在中国市场的表现。收购方 B 的全球并购负责人表示："我们只考虑收购有发展前景并愿意进入中国市场的公司。"标的企业 B 的并购负责人回应说："中国的低端汽车零部件市场已经过度饱和，他们（德国标的企业）的产品高端电动汽车电池将在中国市场有很大的需求。”收购方 D 的技术总监也解释说：“中国市场对我们新的产品组合有着巨大的潜在需求。我们新的产品组合结合了他们（标的企业 D 的）液压系统和我们的柴油发动机的动力系统。与中国国内大多数只能生产柴油发动机的竞争对手相比，我们现在的产品组合可以服务更多的客户，占领更多的中国市场份额。”同样，收购方 E 的并购总监笑道：“与过去中国对消防车的需求可有可无的情况不同，中国现在越来越重视社会保障，需要更好、更安全的消防车。他们（标的企业 E）的消防车制造技术在中国消防车领域会有长期前景。”

协同发展的潜力引发了一系列相互关联的生产优化。标的企业 E 的技术人员进一步说明：“现在我们（标的企业）已经将其定位从欧洲市场转变为中国市场。中国市场不同于欧洲市场，中国市场的需求量很大，但变化很快。因此，我们必须跟随我们的中国母公司调整和升级我们的生产模式，才能更好、更快地为中国客户服务，满足中国市场需求。”事实上，在收购之前，这些中国跨国公司具有突出的企业特定优势。尽管他们缺乏海外收购经验，但他们在管理国际多元化业务组合方面拥有成熟的经验。这些案例中的中国收购方都有掌握流利英语并具有丰富跨国管理经验的中国管理人员可以主动、及时地与德国人互动；也有具有专业知识和互动能力的中国关键技术人员可以有效、高效地解决与德国工程师之间的技术或操作问题。这些都支持这些中国跨国公司将德国的生产和运营程序纳入其系统化的全球网络。

相对而言，案例 A、C、F 的收购双方的产品有较大的重叠。即使试图提供中国服务平台和资源，收购方 A 也被标的企业指责和拒绝，因为标的企业担心中国对当地同行的制度保护会压缩他们的利润空间，这意味着更少的发展机会。同时，双方市场力量存有巨大悬殊。尽管在中国市场处于垄断地位，但中方收购方 A 并未在全球市场上占有一席之地，而德国标的 A 却在几十年来凭借其历史悠久的品牌在全球范围内开拓了大量业务。市场力量的巨大悬殊意味着，尽管中方收购方 A 清楚地知道对于相似度较高的产品通过降低生产成本以实现协同效应的必要性，但收购方 A 可能没有足够的能力整合这个成熟的德国“老师”。在这种情况下，协同效应无法顺利传递。对于案例 C 和 F，中小企业收购方 C 和多数控股国有企业收购方 F 实际上是中国的“僵尸”企业，生产力相当低，很多时候依靠当地政府和国有银行的支持（例如，补贴、宽容贷款）生存。这些生产力低下的企业当时主要依靠中国政府的“走出去”倡议和地方部门的扶持政策，而不是依靠自身能力进行海外投资。由于这些“僵尸企业”可以为当地居民提供工作以维持社会稳定，因此地方官员将其作为促进当地经济和提高政治绩效的工具进行救助。但实际上，收购方 C 和 F 的国内业务已经长期持续亏损，利润微薄。标的企业 C 的 CEO 评论道：“她（收购方 C 的中国股东）就像一个投机者，她经常转向她认为可以快速赚钱的产品方向。但她一无所获，即使她在中国也是如此管理企业。她没有理性、连贯的经营理念。”

收购方 F 的并购负责人透露：“我们几次几乎资不抵债，但每次都被我们当地政府的输血救了下来。”收购方 F 的营销总监抱怨道：“我们只能靠内部命令存活下来。没有人真正开发外部市场。没有人知道它（收购方 F）是如何赚钱的。德国人不明白我们在做什么，本公司也不明白。它似乎不是一家公司，而是一个政治利益集团。”

这意味着收购方仅能为德国标的企业提供有限甚至无效的生产指导，因为它们甚至不知道自己应该怎么发展。人才稀缺的棘手困境使问题变得更加严峻。缺乏高技能的管理人员和员工严重影响了生产整合。收购方 C 的 CEO 是一名年轻的中国毕业生，毕业于德国的一所大学，但他所学的专业是与压铸完全无关的化学专业。收购方 F 前后轮换的那些中国 CEO，既不会说英语也不会说德语。

## 四、讨论

本书收集到的证据指出了一些有意义的结论，可以回答本书的研究问题：随着时间的推移，中国跨国公司在德国市场并购之后所实施的整合路径是如何以及为什么动态演化发展的。基于上述发现，本书将 Kale 和 Singh（2012）的理论框架修订并扩展为一个新模型，该模型侧重于中国跨国公司在德国市场并购之后所实施的时间动态整合路径，如图 4-1 所示。

本书研究结果表明，在并购交易完成后的最初第一年整合过程中，中国跨国公司中的民营企业和国有企业收购方确实像之前文献所研究的结果那样，更愿意采取不干预的整合策略，即保存模式或合作模式，几乎没有整合。本书研究结果的解释是，这种低风险的战略偏好与信息不对称有关；如果没有足够的相互了解，盲目整合有潜在的风险，比如，员工怀疑或人才流失。这一观察证实了现有的关于新兴市场跨国公司对发达市场标的整合的研究。Sun（2018）认为，中国投资者在国际市场投资中的新手地位导致他们与标的企业之间的视野不平衡，这增强了他们对保存或合作整合模式的偏好。然而，这也可能与不同规模的标的企业的战略地位有关。战略优先级较低的、规模较小的标的企业可能较少受到收购方的关注。这一点得到了来自以下研究的经验证据的支持，Gomes 等（2013）以及 Moeller 等（2004）的研究结果显示，收购方在购买规模较小的公司时，对并购后的整合表现出漠不关心。这个发现也支持 Marchand（2015）的怀疑，即一些新兴市场跨国公司实施较低级别的整合可能不是因为他们没有替代方案，而是因为他们对其他方法不感兴趣。

然而，最低程度的干扰似乎只是其整合过程中的第一步。本书调查的所有的中国跨国公司在中长期都施加了不同程度的整合干扰。组织架构与生产的整合逐渐成为后期整合的重点。在本书研究结果的解释中，这些子阶段不是并行的过程，而是分段的线性过程。组织整合在相互熟悉和仔细观察的第一年结束后出现。如果在赢得标的企业的情感支持之前进行组织整合，可能会出现次

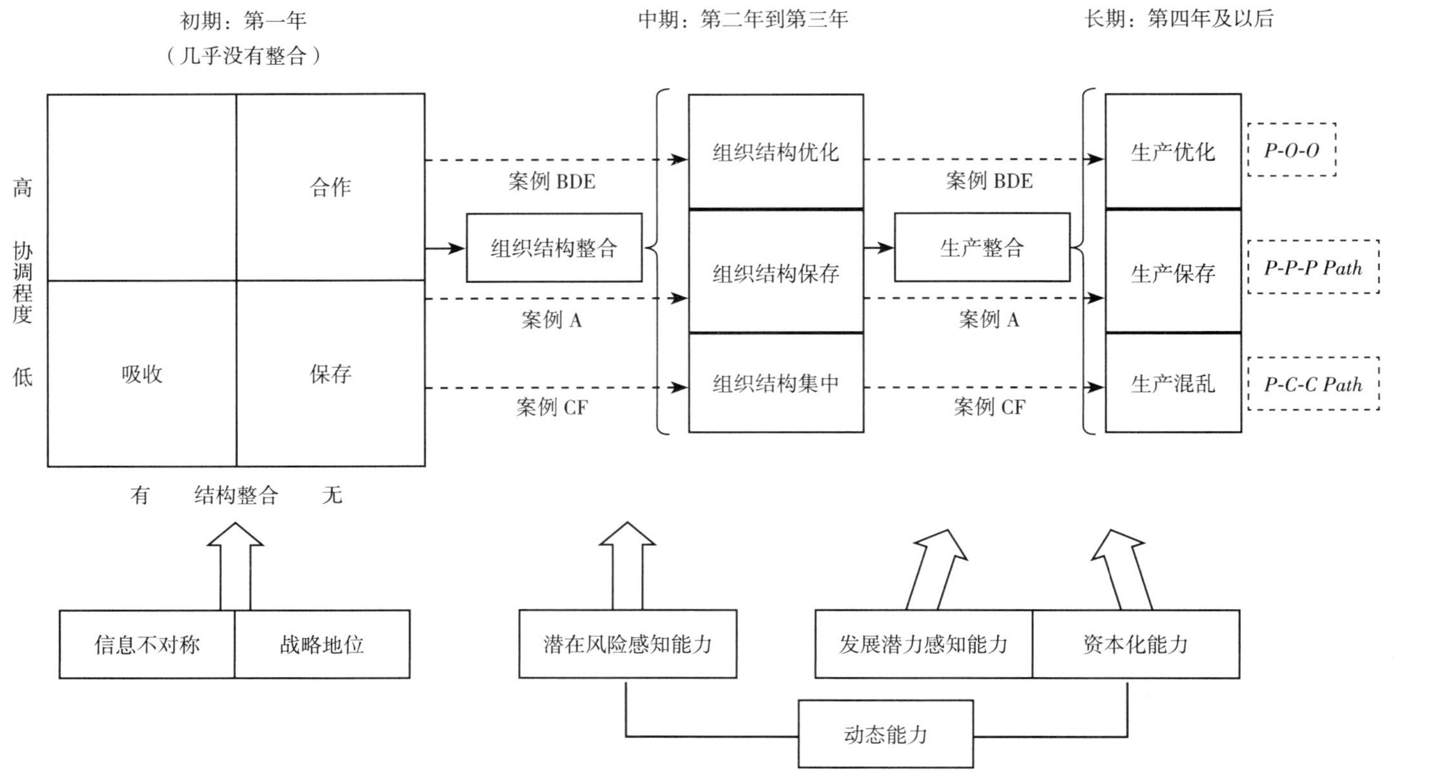


**图 4-1 中国跨国公司对德国标的企业的动态整合**

资料来源：从研究的案例研究中得出。

优绩效。生产整合的出现与组织整合接近尾声的时间大致相同。这可能是由组织嵌入的程度引导的。如果存在较深程度的组织整合和深度的相互依存关系，生产整合可能会相当迅速和有效地发生。相比之下，较浅程度的或无效的组织整合可能会限制生产整合的效率，并可能导致无法实现潜在的运营协同效应。这与 Ghoshal 和 Bartlett（1995）的发现一致，并证实了 Birkinshaw 等（2000）观察到的类似整合轨迹，其中，有效的人力整合（标的企业员工的积极支持）促进了任务整合（生产运营整合），而中方收购方只有在标的企业的各个单位达到可接受的水平时才能通过任务整合实现协同效应。

更具体地说，本书数据发现并确定了三个子路径：路径 A“合作伙伴—组织优化—生产优化”、路径 B“保存—组织保存—生产保存”和路径 C“保存—组织集中—生产混乱”。路径 A“合作伙伴—组织优化—生产优化”经历了从低调观察到主动地、有针对性地启动整合指令的过程。管理健康状况不佳的标的企业可能需要中方收购方的积极干预才能恢复活力。双方的一致愿景可以促进这些转变指令。而这种转变可能要求中方收购方在内部管理和人力资本方面具有更高的感知能力，能够感知标的企业潜在的风险。在此基础上，由清晰的发展认知和强大公司的特定优势促进的生产优化可以迅速带来协同效应。双方的高度互补性和相互依存性带来了进入对方市场的意愿。这证明了 Angwin 和 Meadows（2015）的声明，即在友好收购中积极实施广泛而深远的指令变更可以捕获价值创造。相比之下，考虑到产品同质化程度高，其他两条路径可能不需要这么高的协作，而是需要降低运营成本和扩大销售以获得规模经济。然而，无法感知风险可能会阻碍收购方开发和利用标的企业资源的能力，从而抑制协同效应。其中，路径 B“保存—组织保存—生产保存”显示出一些被动的、停滞的特性，干预程度有限。可能与这条路径中的收购方对标的企业员工的情感反对不够敏感有很大关系。同时，这也暗示了在收购方更依赖标的企业市场实力的情况下，更可能出现胆小的整合路径。实力较弱的收购方可能难以扭转被动局面，被迫走“保存”之路。这与先前的研究一致，就像 Siehl 和 Smith（1990）所说的那样，未能考虑人力资本问题会导致整个标的企业队伍的不满并阻碍后期整合。路径 C“保存—组织集中—生产混乱”更有可能出现在由中小企业或国家多数股权控股的国有企业发起的小规模收购中，标的企业更依赖收购方。没有系统的指令，这条道路显得相当激进和无序。这些收购方过度依赖国家支持，缺乏必要的整合能力，这可能会引发标的企业的组织集中化和操作混乱。在政治力量而非商业逻辑的驱动下，国家多数股权控股的国有企业收购者可能会采取出于行政考虑大于出于经济考虑的行动，这与国家少数股权控股的国有企业收购者不同。这一点被大多数研究所忽视，这些研究认为所有混合型国有企业都是相同的。据所知，有两项研究发现与本书结果相同的结论：Musacchio 和 Lazzarini（2018）及 Zhou（2018）证实，在几乎没有国家支持的情况下，国家少数股权控股的国有企业收购者可能会采取与一般私营企业收购者相同的整合策略来追求经济回报；而相比来说，由于受到政府的过度保护，国家多数股权控股的国有企业收购者往往更倾向于积极响应国家倡导，而不太关心标的企业的风险和利润。

总的来说，本书分析表明，在中长期阶段采取不同的整合路径可能与中国跨国公司感知标的企业潜在风险和发展潜力，并利用标的企业资源的能力高度相关。在并购后的这些时间节点的不同整合阶段，不应过分强调中国跨国公司的公司所有权对其实施何种整合战略的影响。不同公司所有制的中国收购者可能采取相同的整合路径，反之亦然，相同公司所有制的中国收购者可能采取不同的整合路径；采取何种整合路径在很大程度上取决于中国收购方不同的感知能力和资本化能力。换言之，与感知能力和资本化能力强的中国私营企业收购方一样，感知能力和资本化能力强的中国国有企业收购方（如国家少数股权控股的国有企业）极有可能走“合作伙伴—组织优化—生产优化”路径；相反，感知能力和资本化能力较弱的中国国有企业收购方（如国家多数股权控股的国有企业）可能会采取与能力较弱的中国民营企业收购方（如中小私营企业）相同的“保存—组织集中—生产混乱”整合路径。这一观察结果与现有的一些文献研究一致，这些研究将能力视为并购的“动态能力”（黄嫚丽、董少军，2021；Helfat 和 Peteraf，2003；Helfat 等，2007；Liu 和 Deng，2014；Qiu 和 Homer，2018；金源、李蕾，2019）。Helfat 和 Peteraf（2003）阐述了基于收购的动态能力是指通过识别行业趋势、评估标的企业资源风险和重建标的企业发展来创建新的资源基础并获得可持续的竞争优势。孟凡臣、刘博文（2019）发现，动态能力通过直接影响并购后管理战略的选择来间接影响收购绩效。金源、李蕾（2019）认为，感知和识别标的企业的风险和潜力是后期整合阶段调整规模和利用公司内部结构和程序影响外部资源最大化利用的基础。Deng 等（2018）进一步强调，动态能力是公司战略选择的关键前提。这些战略选择从根本上取决于新兴市场跨国公司不同的动态能力集。

## 五、小结

以往的研究从相对静态的角度确定了新兴市场跨国公司较低程度的整合策略，忽略了新兴市场跨国公司整合模式长期的动态演化，这正是本书的独创性。本书的结果表明，中国跨国公司并没有停留在最初的保存或合作模式中，而是随着整合时间的推移，将其中长期阶段的整合策略转变为组织整合，然后是生产整合的过程。其中，存在三种子路径变体：路径 A“合作伙伴—组织优化—生产优化”，路径 B“保存—组织保存—生产保存”，路径 C“保存—组织集中—生产混乱”。本书研究表明，中国跨国公司几乎没有整合的初始保存或合作的整合模式的前因可能是由于并购双方信息不对称或标的企业的战略地位低；而从中长期来看，中长期阶段不同的整合程度主要取决于中国跨国公司的不同动态能力，这包括对标的企业的管理风险的感知、发展潜力的感知、对标的企业资源的资本化能力。而中国收购方的公司所有权对其在并购后整合阶段的路径选择并没有显著影响。

# 第五章 思考篇

本书以中国跨国公司在德国市场并购后所实施的整合模式为例，从过程的角度分析了随着时间的推移，新兴市场跨国公司在发达市场收购后对其发达市场标的企业所实施的整合模式的演变，并确定了影响其实施的整合程度和整合演变的因素。

## 第一节　关于总体问题的讨论

在对上述两个子研究课题进行调查分析后，本书开头提出的总体研究问题最终可以解释如下：

### 一、随着时间的推移，新兴市场跨国公司对发达市场标的的整合模式将如何演变

除了极少数研究发现少数新兴市场跨国公司会立即吸收其发达市场标的的之外，现有研究普遍认为，大多数的新兴市场跨国公司更喜欢实施较低程度的整合，例如，保存模式或合作模式对其发达市场标的进行整合。然而，尚不清楚这些较低程度的整合是否能够全面揭示新兴市场跨国公司长期的整合过程，这些模式可能仅仅是并购后整合初期的临时快照，可能会随着时间

的推移而改变。新兴市场跨国公司对发达市场标的企业的整合之路通向何方？这是一个不清楚但有吸引力的问题。本书认为，新兴市场跨国公司确实更愿意在整合的初始阶段（在交易完成后的第一年内）采取较低程度的完全保存模式或与发达市场标的企业进行合作。这个结论支持了以前的研究工作。然而，在中期（第二、三年）和长期阶段（第四年及以后），新兴市场跨国公司可能会开始分阶段、线性的整合标的企业，先后对其组织结构和生产经营进行干预。组织整合一般发生在一年的相互熟悉和仔细观察后。在赢得情感支持之前，接触标的企业的组织结构可能会产生次优结果。然后，如果组织整合设计得很好，生产整合就会跟进。在以前高度的组织嵌入性的调解下，可能会发生快速、有效的生产整合；而无效的组织整合可能会限制后续产品整合并限制潜在的协同效应。在标的企业的积极支持下，有效的人员整合可以促进以下任务操作整合：只有当标的企业各个单元“在可接受的水平上运作”时，收购方才能通过任务整合实现协同效应。

值得注意的是，轨迹具有三个子方向。

第一个子方向是一些新兴市场跨国公司可能会通过选择性地将标的企业的部分组织和生产系统与中国集团的系统对齐或吸收，以执行一定程度的控制，从而优化标的企业。似乎走向了“吸收”的道路；但也调和了一些“共生”迹象：标的企业仍具有一定的适度自主性，双方战略相互依存度更高，双向转移更多。本书无法将这个方向纳入现有的整合框架。同时，为了强调演进，本书将这条路标记为路径 A“合作伙伴—组织优化—生产优化”。这条“部分吸收”与“部分共生”的路径，经历了从低调观察到主动定向干预的烦琐过程。管理健康状况不佳的标的企业可能需要新兴市场跨国公司的积极干预来重振其运营。双方一致的愿景可以促进其顺利转变。这要求新兴市场跨国公司具有很强的感知标的企业潜在风险的能力，例如，内部管理缺陷或人力资本风险。接下来的生产优化应通过清晰感知行业发展趋势，以快速产生协同效应，增强双方的特定优势。高度的战略互补性带来了进入对方市场的共同意愿，在友好收购中积极实施广泛而深远的指令变更可以创造价值。

第二个子方向是本书标记为的路径 B“保存—组织保存—生产保存”。这条路径出现了持续的“完全保存”状态，带有一些被动和停滞的迹象。这些中国跨国公司采取了有限的、非规范性的干预措施。这种被动情况可能与新兴市场跨国公司对其标的企业人力资本的风险（例如，不合作的态度）缺乏警惕性密切相关。同时也暗示，当双方产品相似度较高，但收购方更依赖于市场实力较强的标的时，这种胆怯路径更有可能发生。相对较弱的收购方可能会发现难以扭转被动局面，从而被迫保留标的企业。忽视人力资本问题可能会导致整个标的企业队伍的不满并阻碍后期整合。

第三个子方向即路径 C“保存—组织集中—生产混乱”，似乎走向“全吸收”，即：中国跨国公司放弃最初的保存模式，突然对标的企业的组织和生产进行严格控制；标的企业被迫改变生产以配合中国集团的生产或为其提供补充。他们突如其来的剧烈吸收，几乎摧毁了标的企业。这种路径更有可能发生在由中小企业或控股国有企业发起的小规模收购中，标的企业通常是小规模的并且更多地依赖收购方。这条道路缺乏系统性的指导，显得颇具侵略性和无序。过度依赖政府支持，这些中国跨国公司不具备必要的整合能力。在政治力量而非商业逻辑的驱动下，多数股权控股的国有企业收购方可能会采取更多出于行政考虑而非经济考虑的整合行动，这与少数股权控股的国有企业收购方不同。大多数先前研究人员经常忽略这一点，认为所有混合型国有企业都是相同的。只有少数研究人员指出，在国家支持有限的情况下，少数股权控股的国有企业收购者可能会采取与私营企业收购者相同的策略来追求经济回报；相比较而言，受到政府的过度保护，多数股权控股的国有企业收购者往往不太关心标的企业的风险和利润。

## 二、什么因素影响了新兴市场跨国公司对其发达市场标的企业的整合

本书的问卷调查显示，五个主要的组织文化维度（适应性、一致性、参与度、平衡性和灵活性）可能对中国跨国公司对其发达市场标的企业要实施的整合程度产生影响。其中，适应性是最具影响力的指标，也是预测中国跨国公司要实施的整合程度的负向预测因子，具有显著的负相关。适应性强调了并购双方愿意相互适应。收购方与被收购方高层管理团队之间的合作关系和整合程度呈负相关。如果双方高管合作顺畅，员工之间愿意相互学习，较低程度的整合标的企业可能足以创造价值。然后，领导者对双方文化差异和多元文化的重视可以赢得标的企业员工的心理支持。中国跨国公司可能更愿意以开放和宽容的方式授予德国标的企业更高的自主权，以形成良性循环。标的企业员工的心理安全感在领导者可见的积极互动下会更大，并且可以加速标的企业对并购后合并的新组织的适应；而剥夺标的企业的自主权可能会伴随着员工的负面情绪。这里值得注意的是，问卷结果似乎支持了本书定性案例研究中关于适应性和整合程度之间关系的研究结果。可以看出：在路径 C“保存—组织集中—生产混乱”中，并购双方都没有合作的意愿，中方股东和管理人员完全忽视了多元文化或文化融合。德国标的企业的心理距离与这些中国跨国公司也“相当远”。可以说，这条路径的适应性是比较低的，走向了“全吸收”。相反，路径 A“合作伙伴—组织优化—生产优化”的“部分吸收”和“部分共生”的整合程度相对较低，却表现出了更强的适应性，并购双方愿意相互合作，尊重双方文化，通过频繁的交流促进双方文化、精神上的融合。德国标的企业的心理距离正逐渐向中国投资者靠拢。而对于停滞在“完全保全”的路径 B“保存—组织保存—生产保存”，本书认为不应该直接得出一个简单的结论，正如中方所说，“目前，随着新任 CEO 的推动，出现了一些合作的迹象（适应性似乎在加强），因此，我们决定暂时保持现

状（几乎完全保存的低程度低整合）；但如果他们（德国标的企业）仍然固执己见，像以前一样排斥我们（适应性低），我们就会从上到下改变他们的血液（即通过部署中国员工对德国标的进行大规模的结构变化）。”因此，根据这个潜在的变化迹象来看，路径 B“保存—组织保存—生产保存”的潜在整合度变化似乎也与双方的适应性呈负相关。

其他四个组织文化维度（一致性、参与度、平衡性和灵活性）并未显示为预测因素，但它们仍然对中国跨国公司的整合具有主要影响。

一致性体现在高层管理者的决策、下层管理者的战略实施和底层员工对未来标的企业管理战略的理解和执行一致。这可能与收购方管理人员的沟通技巧和个人魅力有关。结构化的自上而下的管理团队为标的企业的员工展示了对未来发展的积极看法，这在收购后的整合过程中至关重要。

“员工的参与度”也可能影响中国跨国公司的整合。管理者通常很难在必要的改变和对员工更好的反馈之间取得正确的平衡。一方面，这可能与新合并实体的整个工作氛围有关，是个人主义倾向还是群体主义倾向？群体导向的工作环境可能对中国跨国企业的整合程度的选择产生积极影响，可能是因为群体导向是中国人的工作习惯。另一方面，参与度反映在整个组织的信息透明度上，即在决策时是否会收集底层员工的看法 / 意见。各级工作人员都应该参与整合。另外，工作时间的灵活性以及产品质量和生产力之间的平衡也可能会影响中国跨国公司的整合程度。中国跨国公司更愿意以牺牲产品质量来追求生产效率，并且经常不尊重德国员工的合法工作时间，这在德国员工看来是挑战了他们“西方的职业道德”，因此德国员工产生了抵触情绪，要与中方收购方保持距离。这可能会限制中国跨国公司整合战略的实施。

从动态的角度看，本书的案例研究揭示了影响中国跨国公司在不同整合时间阶段其整合模式演变的三个主要因素。在并购交易结束后整合的第一年，几乎没有整合可能：一方面与信息不对称有关。在双方缺乏足够的相互理解的情况下，盲目的整合可能会导致潜在的风险。双方关于对方经营国际业务的能力和东道国商业环境（如德国劳动法）的信息不平衡。中国投资者在国际市场上的新手地位导致他们对标的企业的看法不平衡，这加强了他们对较低程度整合的偏好。另一方面与不同规模标的企业的战略地位有关。较小规模的标的企业可能较少受到中国跨国公司的关注。它们可能被视为中国跨国公司全球网络中较低的战略优先级。在收购小公司时，收购方可能对购买后的活动表现出漠不关心。这也说明了一些新兴市场跨国公司实施较低级别的整合可能不是因为它们没有替代方案，而是因为它们对其他方法不感兴趣。

当进入中长期阶段时，潜在的演变方向可能与中国跨国公司感知标的企业潜在的风险和发展潜力以及利用标的企业资源的能力高度相关。这些能力强调了中国跨国公司快速适应瞬息万变的商业环境的能力。具有强大协调内部自有资源基础和外部获取的互补资源能力的新兴市场跨国公司可以使整合更加灵敏和灵活。特别是，通过不断扫描标的企业的资源格局和变化（例如，风险或发展机会）来执行资源识别为新兴市场跨国公司提供了一个实质性整合起点，以确定他们最有可能如何以及在多大程度上可以整合标的企业。而不能准确识别和理解所获得的标的企业的资源性质可能导致严重的后果。具有更多经验的新兴市场跨国公司的学习能力（例如，受过良好教育的员工）可以更好地将获得的外部资源与收购方集团内部原知识库联系起来，并建设性地将获得的资源融入集团内部的运营中。相比之下，感知和资本化能力尚不成熟的新兴市场跨国公司可能无法理性分析获取的标的企业的资源利弊，从而可能走上无逻辑的全面吸收之路。这种非理性行为极有可能破坏发达市场资源和收购价值。这些能力与一些文献研究一致，这些研究将它们视为“动态能力”。值得注意的是，中国跨国公司所有权的影响不应过分强调。走哪条路可能在很大程度上取决于中国跨国公司的不同动态能力，而不是它们的公司所有权。这意味着拥有不同公司所有权的中国跨国公司可能会采用相同的整合路径。拥有强大动态能力的中国国有企业收购方，即少数控股股权的国有企业和拥有强大动态能力的中国私营企业收购方一样，都极有可能走路径 A“合作伙伴—组织优化—生产优化”。相反，弱动态能力的中国国有企业，例如，多数股权的国有企业，可能会像弱动态能力的中国私营中小企业收购者一样采取路径 C“保存—组织集中—生产混乱”。

## 第二节　理论贡献

对于本书的问卷调查研究，当文化关注逐渐占据并购后整合领域的中心舞台时，本书提出的组织文化维度五因子模型填补了“文化对整合的影响”的理论空白，并进一步探索了它们之间的相关性。此外，这项研究证实了先前关于适应性和整合程度之间负相关的假设。Weber 等（1996）指出，国际并购中的整合程度和双方管理者的合作程度呈负相关。Pablo（1994）认为，收购者的多元文化程度应该是整合程度的预测指标：当收购方高度多元文化时，可能会选择较低程度或至多中等程度的整合，因为收购收益可能基于跨组织边界的一些资源或技能共享；同时，高度多元文化的收购方不愿意强加统一的决策框架或文化，因为文化多样性受到重视。相反，当多元文化程度较低时，所实施的整合程度偏向于较高，因为收购方更倾向于要求标的企业需要符合收购方的价值观、哲学和实践。

本书中的案例研究修改和扩展了 Kale 和 Singh（2012）的框架，开发了新兴市场跨国企业对发达市场标的企业长期、分阶段的整合模型，以揭示中国跨国公司对发达市场标的企业的整合策略如何以及为什么发生演变。本书与先前研究之间的关键区别在于先前研究似乎忽略了动态维度，而本书通过添加时间动态元素，扩大了新兴市场跨国公司收购后整合理论体系的系统性和完整性。除了 Marchand（2015）探索出的新兴市场跨国公司模式如何演变的两个潜在方向外，大多数先前的工作都是从静态角度探索是何种新兴市场跨国公司的整合特征 / 类别做出贡献，但对新兴市场跨国公司的整合会如何随着时间的推移而演变没有关注，然而，这确实是当前企业界面临新兴市场跨国公司整合的困境；同时，大多数先前的研究也没有关注新兴市场跨国公司的整合为什么会随着时间的推移而改变的问题。相比之下，本书的案例研究提供了一个动态的、具有明确时间阶段的概念框架，解释了新兴市场跨国公司如何随着整合时间的推移演化其整合模式，确定了"部分共生"和"部分吸收"的新演化方向：路径 A"合作伙伴—组织优化—生产优化"，以及先前文献从未发现的"完全吸收"的路径 C"保存—组织集中—生产混乱"；同时，本书的案例研究也进一步阐述了新兴市场跨国公司在不同的整合时间阶段为什么会改变其整合模式的问题。相信这一理论补充将激发对新兴市场跨国公司的并购后的整合演变的进一步研究。

案例研究验证和反驳了先前关于新兴市场跨国公司可能会对其发达市场标的企业实施整合模式的潜在演变的假设和观察。对于 Kale 和 Singh（2012）的第一个假设，即伴随着新兴市场跨国企业越来越熟悉标的企业并知道如何更好地管理它们，新兴市场跨国公司可能会在中期阶段完全吸收标的企业。在本书的研究中，路径 C"保存—组织集中—生产混乱"上的中国跨国公司确实在中期阶段后完全吸收了标的企业，但原因与 Kale 和 Singh（2012）的假设不同。这些中国跨国公司完全吸收标的企业不是因为他们更好地知道如何管理标的企业；恰恰相反，这是因为他们无法正确感知标的企业的风险和发展潜力，无法正确利用标的企业的资源才吸收标的企业。而对于走路径 A"合作伙伴—组织优化—生产优化"的中国跨国公司来说，他们确实更懂得如何管理标的企业；然而，他们在中期阶段以及之后并没有完全吸收标的企业，而是选择了"部分共生"和"部分吸收"的模式。

对于 Kale 和 Singh（2012）的第二个假设，即如果新兴市场跨国公司之前已经有了很多在发达市场并购的先前经验，他们将从一开始就完全吸收他们的下一个标的企业。本书的研究也驳斥了这一假设。本书的案例 E 中，中国跨国公司之前有过很多在发达市场并购的经验（例如，2004 年收购了一家美国公司；2007 年收购了一家荷兰公司 75% 的股份；2008 年和 2012 年收购了两家德国公司；2013 年收购了一家法国公司），但是，他们在开始甚至现在都没有直接完全吸收标的企业 E，只是选择“部分共生”和“部分吸收”。

然后，对于 Williamson 和 Raman（2013）的中国跨国公司的“双手弹簧”式整合的命题，本书研究中的“部分共生”和“部分吸收”的路径 A“合作伙伴—组织优化—生产优化”验证了 Williamson 和 Raman（2013）对中国跨国公司第一时间阶段的整合假设。Williamson 和 Raman（2013）认为，并购后的第一年，中国跨国公司对标的企业几乎不会施加影响，以便将标的企业的技术或管理技能带回国内使用。然而，本书的研究无法验证他们对中国跨国公司第二时间阶段的命题。Williamson 和 Raman（2013）认为，等到中国国内市场的业务得到加强之后，中国跨国公司将开始对标的企业的整合实施改变以赢得中国市场以外的市场。而本书的研究数据显示，本书所涉及的案例中的中国跨国公司现在仍然主要关注其中国国内市场的发展。

此外，本书研究中的“部分共生”和“部分吸收”的路径 A“合作伙伴—组织优化—生产优化”演化方向驳斥了 Marchand（2015）的观察。Marchand（2015）发现，如果双方在并购后最初的活动协调进展顺利，新兴市场跨国公司可能会协调更多活动以加强彼此之间的伙伴关系，直到共生。在本书的案例中，在初期之后，这些中国跨国公司不仅仅是协调更多活动，还启动了一些吸收机制，并选择性地将标的企业的部分结构和系统调整或吸收到中国母集团的系统中去。此外，Marchand（2015）还提出了第二个演进方向：如果并购后最初阶段的活动协调没有结果，新兴市场跨国公司将会削弱双方的互动，直到完全放弃标的企业到完全保存状态，不再理会它。在本书的研究中，路径 B“保存—组织保存—生产保存”上的中国跨国公司在并购后的初始阶段协调失败后，确实完全将标的企业置于保存状态，这验证了Marchand（2015）的观察；但这家中国跨国公司还是希望未来能够与标的企业进行深度合作，而不是简单地忽略标的企业。

本书的案例研究将动态能力视角纳入新兴市场跨国公司在发达市场并购后的整合框架。大多数关于动态能力先前贡献纯粹是概念性的，例如，探索或构建和开发动态能力的类型和特征的框架。Teece（1997）只是将动态能力轮廓勾勒为“协调—学习—重新配置”，然后将其更新为“感知—抓住—转换”（Teece，2007）。Eisenhardt 和 Martin（2000）将动态能力分为两种变体：面向内部的动态能力（即重新配置和重新部署公司内部的资源以捕捉新出现的机会）和外部—内部导向的动态能力（即利用现有的惯例在不断变化的环境中探索创收机会）。Helfat 和 Peteraf（2003）将动态能力定义为评估标的企业风险、识别行业趋势和重建标的企业发展，以创建新的资源基础并实现可持续的竞争优势。Helfat 等（2007）将动态能力视为组织以实践和模式化的方式有目的地创建、扩展或修改其组织资源基础到外部环境的能力。在并购情景中，动态能力包括选择、识别、重构（Capron 和 Anand，2007），是指通过识别行业趋势、评估标的企业资源风险和重构标的企业发展，创建新的资源基础，实现可持续的竞争优势。Jantunen 等（2012）比较了不同组织中的不同动态能力。Carlo 和 Roberto（2018）讨论了动态能力的分析焦点单位应该是个人、团队、组织还是组织外，并通过分析人和人际互动而不是抽象的组织实体来解释动态能力。其他人则考虑了组织动态能力的前因或动态能力对组织的影响。Oliver 等（2018）讨论了组织知识和市场活力如何影响动态能力的可能价值。Wu 等（2016）研究了动态能力、国际多元化和创新绩效之间的相关性。

然而，在实际功能领域研究动态能力作为中介的因果机制才刚刚开始（Eisenhardt 和 Martin，2000）。Zahra 等（2006）检查了动态能力在创业背景下的功能；而 Deng 等（2018）探索了动态能力的概念框架（识别—利用—

学习—重新调整）以解释新兴市场跨国公司的国际化。他们假设新兴市场跨国公司的战略选择从根本上取决于他们不同的动态能力集（Deng 等，2018）。然而，关于并购情景中的动态能力的实证研究却很少，只是少数文献提出了少数假设，并没有确凿的证据支持。Zahra 等（2006）发现，动态能力可以通过直接影响并购后的管理策略选择而间接影响收购绩效。Wang 等（2018）研究了动态能力的每个元素与收购价值创造的相关性。Deng 等（2018）呼吁对动态能力在塑造新兴市场跨国公司国际化战略中的作用进行更多实证研究，并指出在新兴市场跨国公司的研究中，检查动态能力应该在解释其国际化战略选择随时间的演变中。

相对而言，本书的案例研究从实证研究的角度，将动态能力作为影响因素的观点纳入新兴市场跨国公司的整合框架，为先前的假设提供了经验证据支持。例如，Wang 等（2016）假设当动态能力有助于更主动的整合战略时，它可以提高并购绩效。他们定义的"收购绩效"是股票、会计数据和基于调查的管理层对收购结果的看法。本书案例研究的结果支持了他们的假设，在路径 A"合作伙伴—组织优化—生产优化"中，具有更强动态能力的中国跨国公司随着时间的推移表现出更积极和灵活的整合变化——选择性的"部分共生"和"部分吸收"，这产生了更富有成效的收购协同效应：双方的组织和生产都进行了大量优化。此外，Čirjevskis（2017）提出了两个命题：双方的商业模式可以通过基于收购的动态能力成功折叠成新的商业模式，从而创造和捕捉新的价值主张；基于收购的动态能力支持，收购方重新配置现有和收购的新的核心竞争力，以促进新产品 / 新服务项目的开发，从而保持竞争优势。在本书的案例中，通过收购产品互补性强的标的企业，在路径 A"合作伙伴—组织优化—生产优化"中，拥有更强动态能力的收购方成功地结合了双方的优势，升级了双方的投资组合，在提升中国国内核心竞争力的同时也提升了中国跨国企业收购方全球的竞争能力。

## 第三节　实践启示

在实践方面，本书中的问卷调查研究所得到的组织文化维度五因子结构模型的普遍性，为指导众多中国或其他新兴市场跨国企业投资者根据新合并组织的这五个组织文化维度而设计整合战略提供了实际的管理和政策意义。人们经常提到，新兴市场跨国企业在整合其发达市场标的企业的时候通常非常关注技术或财务利润等生产性因素的影响，而忽视组织文化等软性非生产性因素的影响。新兴市场跨国公司需要意识到，忽视标的企业的适应性可能会在并购后的整合时导致整合困难和成本损失。在发起并购交易和制定整合战略之前，有必要先了解标的企业员工的合作意愿。如果标的企业员工对新合并的组织有排斥、不合作的意图，其适应性可能会降低。标的企业员工与新合并的组织相关联的心理纽带需随着时间的推移而建立和加深。这种心理依恋可以增加标的企业的适应性，从而降低整合的难度。有了更高的心理依恋，相对较低程度的整合可能已经足以创造并购价值。然后，新兴市场跨国公司应非常注意并购后新合并的组织内部的一致性，以调整统一的内部结构体系：下级对战略的实施应与上级的战略意愿保持一致。一个强大的中层管理团队可以事半功倍。否则，可能需要收购方付出更多的努力才能成功整合。除此之外，标的企业的员工对整合和未来企业发展的理解及态度也是一致性系统的重要组成部分。这可能需要收购方管理层重视他们的沟通技巧，以提高标的企业员工对整合策略和未来共同发展的理解（例如，让员工了解他们为什么需要做出此类整合决策）。派遣具有超凡魅力的管理人员可能有助于促进有效沟通的整合。同时，在决策和整合过程中，最好让普通员工参与到管理组织事务中并发表意见，而不是采用中国传统的等级式、命令式管理方式。本书建议新兴市场跨国公司尊重西方的专业原则，例如，关注产品质量而不是仅仅追求数量。

产品质量和数量的不平衡、扰乱西方企业的传统工作习惯（例如，迫使西方员工加班）等可能会阻碍整合蓝图的实施。总的来说，投资于发达经济体的中国或其他新兴市场跨国企业投资者的高管能从本书中受益。

本书中的案例研究为新兴市场跨国公司的并购从业者对发达市场标的的整合选择，以及发达市场标的在向新兴市场跨国公司投资方出售公司时避免投资陷阱提供了参考。对于新兴市场跨国公司的收购方，本书建议，在并购后整合初期大概第一年内，无论双方的产品是互补还是相似，采取完全保存或合作等较低程度的整合模式都是合乎逻辑和明智可行的，在此期间，需要通过大量沟通和互动进行仔细观察，以相互熟悉和了解。初期阶段较低程度的整合不仅有利于保留核心人才，避免人才流失，保持外部优质资源，还可以给新兴市场跨国公司一个熟悉标的企业的时间。本书强烈建议，在此期间，新兴市场跨国公司保持耐心与标的企业沟通并观察标的的实际操作、标的员工的思维方式、对收购方的态度、对未来公司发展的渴望，以及审察标的员工的专业能力和职业道德。特别是对于与标的企业产品相似度高的新兴市场跨国公司，仔细评估双方市场的发展潜力和标的企业的合作意愿至关重要。如果标的企业在其市场实力强于收购方的情况下没有合作的意愿，那么应该记住标的企业员工的抗拒将是个严重问题。不要低估标的企业员工的抵抗力。事实上，新兴市场跨国公司往往过于自信，认为他们可以改变标的企业员工的想法，或者干脆直接辞退和更换标的企业员工；然而，这种思想将会导致新兴市场跨国企业陷入一种困境：辞退和替换标的企业的员工可能会导致人才流失，而人才是一场并购交易中最有价值的资源，因为高科技技术实际上不在图纸上，而是在标的企业人才的头脑中；因此，如果既无法替代标的员工也不能改变标的员工的想法，整合就会被标的员工所阻碍，无法产生收购协同效应。

同时，新兴市场跨国公司也应该意识到，发达市场标的企业也可能存在管理缺陷，即使是这些发达的标的企业甚至制定了相关领域的国际商业规则、领导了国际市场数十年。作为落后的国际竞争后来者，新兴市场跨国公司通常在心理上面对发达市场的标的企业感到自卑。许多新兴市场跨国公司缺乏指出标的企业管理缺陷的信心或勇气，反而在面临冲突时首先怀疑自己。这种盲目的崇拜实际上抑制了双方的整合，对双方的发展都是有害的。本书中的许多受访者都强调了这一现象。因此，对于那些存在明显管理缺陷的发达市场标的企业，组织重组和优化是必要的。新兴市场跨国公司应该勇于通过及时重组或优化标的企业的方式进行适当干预，帮助标的企业摆脱困境。当然，本书不鼓励新兴市场跨国公司随意改变标的企业。相反，新兴市场跨国公司应该谨慎地调整，仔细观察标的企业，与他们充分沟通，明确双方的意愿和发展潜力。这无疑要求收购方具备危机敏锐度，如在收购前审慎洞察标的企业员工的心理倾向、性格、道德、工作能力等。进入长期生产整合阶段，可能更多地依赖于收购方自身的动态能力而创造收购价值。尤其是中小企业的管理者和多数股权控股的国有企业收购者必须牢记，仅依靠支持性的国家力量是远远不够的，加强自身能力和资本化能力对于实现成功的国际市场竞争至关重要。

另外，对于发达市场标的企业，本书建议他们应该关注新兴市场企业收购方的资质，尤其是在考虑将公司出售给新兴市场企业中多数国家控股的国有企业或中小企业投资者时。访问新兴市场跨国公司的母国集团，了解其实际的运营情况，例如，其国内企业总部的运营方式、其外部市场情况、与当地政府的关系、员工和客户的评价等，将很有帮助。如果无法访问新兴市场跨国公司的母国集团，或新兴市场跨国公司故意隐瞒其实际国内情况，除了从高层管理团队会议上获取信息外，标的企业还可以根据新兴市场跨国公司对其政府控股情况进行粗略判断。如果新兴市场跨国公司的政府控制超过30%的股份，则应谨慎行事，因为这些收购方可能会受到政府的高度干预。这类新兴市场跨国公司可能会带来大量资金，但可能缺乏盈利能力而仅依靠政府的财务支持，或者只是将收购视为对当地政府对外投资倡导的回应，而并不会真正关心标的企业的发展。同样，与规模较大的上市私营企业或少数国家股权的国有企业收购方相比，中小企业收购方也可能在一开始向标的企业投入大量的新鲜资金；然而，未来的长期投资可能是有风险的，因为很多中国中小企业实际上并没有仔细考虑后续的大规模投资。他们相对较弱的盈利和管理能力决定了他们可能无法长期投资标的企业；相反，他们可能会严重控制标的企业的费用，甚至无法为投资标的企业提供必要的需求，这将会损害标的企业的长期发展。总之，本书通过加强中国跨国企业在德国市场收购后的整合表现为当前的国际并购环境增加价值，为商业政策管理和发展提供支持。

## 第四节　局限性及未来研究方向

由于研究时间和费用有限，本书中专题一的问卷调查存在一些量化研究常见的缺点。

第一，并购领域的敏感性可能会限制受访者对调查发表评论的意愿，尤其是当受访者大多数是高级管理人员时。

第二，滚雪球式抽样有助于通过初始受访者的熟人推荐来获取足够数量的受访者，然而这种方法同时也可能导致潜在的偏差和不准确。例如，只有16名德国受访者被纳入调查，仅占样本总数的24%。同时，我们数据中的小样本仅限于德国市场。上述研究结果是否可以扩展到其他新兴市场跨国公司的反向并购后的整合情景中去尚不清楚。因此，值得进一步测试本书结论中的五个组织文化维度与其他新兴市场投资者收购发达市场标的企业的整合程度之间的联系。

第三，Weber等（2011）怀疑整合程度可能在组织文化和收购绩效之间起中介作用。由于并购领域难以收集足够的量化数据，本书接触的中国跨国企业样本并非都是上市公司。由于这些样本中某些非上市中国母公司的财务报表未公开，本书无法以财务绩效为变量来检验整合程度是否为组织文化维度与收购绩效之间的中间调节变量。现有文献仅研究了组织文化与绩效之间的联系，而对于整合程度是否或如何在组织文化与绩效之间发挥适度和互动的作用，仍存在一定程度的不确定性，值得进一步研究并购后的整合程度与具体的组织文化维度和并购绩效之间的联系，前提是可以获得具有足够的并购后的财务数据。

第四，鉴于本书只是问卷调查，只能说明这五个组织文化维度对新兴市场跨国公司的整合程度有影响，而无法解释它们具体有什么影响，尤其是在一致性、参与度、平衡性和灵活性的影响方面。然而，这些发现可以为未来的研究提供一个可行的方向，未来可以采用定性案例研究的方法解决这些问题。总体来看，本书的研究结果为研究组织文化和新兴市场跨国企业在发达市场并购后所实施的整合程度的研究人员的未来工作提出了上述几个方向和可操作的见解。

对于本书中的案例研究，虽然获得的研究结果为新兴市场跨国公司在发达市场并购后的整合过程带来了有利的见解，但不可避免地存在定性研究的弱点。

首先，主要从中国收购方收集的访谈数据可能存在一定的偏差，使本书无法更细致地衡量这些整合演化。

其次，由于研究时间有限，难以接触到更大的样本可以被视为一个限制。然而，Yin（2003）曾解释说，小样本的案例研究用于生成理论，而不是将普遍性推向特定情况；本书的意图是提出一些一般性的概念命题。注意到这一点，与其他新兴市场国家在不同发达市场的整合情况分享这些结果应该是谨慎的。未来进行更广泛的量化测量或更多案例的定性验证本书的案例研究结果，对于确定新兴市场跨国公司的动态演变的重复或其他演变路径也很有价值（例如，分布在欧洲其他市场的更大规模问卷调查），或其他非欧洲发达市场的案例研究（如美国市场、日本市场）。此外，将时间框架延长到更长的时间跨度，即四年以上，以检查新兴市场跨国公司更长阶段的整合状态也很有意义。在此，根据本书受访者的反馈，做出一个假设，即在路径A“合作伙伴—组织优化—生产优化”上的新兴市场跨国公司可能会继续他们的“部分共生”和“部分吸收”路径，而不会完全共生或完全吸收发达市场的标的企业。

最后，同样重要的是，文化影响应该是一个持续的过程，在不同的整合阶段可能会产生不同的影响程度。本书中初步的组织文化影响的研究结果只能勾画出一些大致图景，而不能透露具体的在不同整合时间阶段对新兴市场跨国公司所实施整合模式的具体影响。本书认为这是限制之一，也是未来的潜在方向。未来的研究可以以本书案例研究所提出的新兴市场跨国公司对发达市场标的企业动态的整合框架为参考，进一步验证和阐明五个组织文化指标在各个特定的整合时间阶段，对新兴市场跨国公司整合其发达市场标的企业的影响。

# 参考文献


[1] Ali A, Qiang F, Ashraf S. Regional dynamics of ownership structure and their impact on firm performance and firm valuation: A case of Chinese listed companies [J]. Review of International Business and Strategy, 2018, 28(1): 129–147.

[2] Angwin D N, Meadows M. New integration strategies for post-acquisition management [J]. Long Range Planning, 2015, 48 (4): 235–251.

[3] Alaaraj S, Mohamed Z A, Ahmad Bustamam U S. External growth strategies and organizational performance in emerging markets: The mediating role of inter-organizational trust [J]. Review of International Business and Strategy, 2018 (28): 206–222.

[4] Ai Q, Tan H. The intra-firm knowledge transfer in the outward M&A of EMNCs: Evidence from Chinese manufacturing firms [J]. Asia Pacific Journal of Management, 2018, 35 (2): 399–425.

[5] Bijlsma-Frankema K. On managing cultural integration and cultural change processes in mergers and acquisitions [J]. Journal of European Industrial Training, 2001, 25 (2): 192–207.

[6] Björkman I, Stahl G K, Vaara E. Cultural differences and capability transfer in cross-border acquisitions: The mediating roles of capability complementarity,

absorptive capacity, and social integration [ J ]. Journal of International Business Studies, 2007, 38 (4): 658-672.

[ 7 ] Bonett D G, Wright T A. Sample size requirements for estimating pearson, kendall and spearman correlations [ J ]. Psychometrika, 2000, 65 (1): 23-28.

[ 8 ] Bhabra H S, Huang J. An empirical investigation of mergers and acquisitions by Chinese listed companies, 1997-2007 [ J ]. Journal of Multinational Financial Management, 2013, 23 (3): 186-207.

[ 9 ] Birkinshaw J, Bresman H, Håkanson L. Managing the post-acquisition integration process: How the human integration and task integration processes interact to foster value creation [ J ]. Journal of Management Studies, 2000, 37 (3): 395-425.

[ 10 ] Barrett P T, Kline P. The observation to variable ratio in factor analysis [ J ]. Personality Study and Group Behaviour, 1981 (1): 23-33.

[ 11 ] Brockhaus W L. Model for success in mergers and acquisitions [ J ]. SAM Advanced Management Journal, 1975 (40): 40-49.

[ 12 ] Budaev S V. Using principal components and factor analysis in animal behaviour research: Caveats and guidelines [ J ]. Ethology, 2010 (116): 472-480.

[ 13 ] Chaisse J. China's Three-prong investment strategy: Bilateral, regional and global tracks [ M ]. London: Cambridge University Press. 2017.

[ 14 ] Charmaz K. Constructing grounded theory (Introducing qualitative methods) [ M ]. CA: Thousand Oaks, 2014.

[ 15 ] Chen Y, Werle H, Moser R. Comparing critical success factors between European M&As in China and Chinese M&As in Europe: A mixed-method analysis [ J ]. Journal of Organizational Change Management, 2016 (29): 1217-1236.

[ 16 ] Chinese Ministry of Commerce. Statistical bulletin of china's outward foreign direct investment: National bureau of statistic [ EB/OL ]. www.stats.gov.cn/tjsj/tjcbw/201810/t20181023_1629260.html.

[ 17 ] Cirjevskis A. Acquisition based dynamic capabilities and reinvention of business models: Bridging two perspectives together [ J ]. Entrepreneurship and Sustainability Issues, 2017, 4 ( 4 ): 516–525.

[ 18 ] Cogman D, Tan J.A lighter touch for post-merger integration [ J ]. McKinsey on Finance, 2010 ( 34 ): 8–12.

[ 19 ] Creswell J W, Plano Clark V L. Designing and conducting mixed methods research [ M ]. 2nd Ed. Thousand Oaks: SAGE Publications, 2011.

[ 20 ] Creswell J W, Creswell J D. Research design: Qualitative, Quantitative, and mixed methods approaches [ M ]. Thousand Oaks: SAGE Publications, 2018.

[ 21 ] Calipha R, Tarba S, Brock D. Mergers and acquisitions: A review of phases, motives, and success factors [ M ]. Bingley: Emerald Group Publishing, 2010.

[ 22 ] Calori R, Lubatkin M, Very P. Control mechanisms in cross-border acquisitions: An international comparison [ J ]. Organisation Studies, 1999, 15 ( 3 ): 361–379.

[ 23 ] Cameron K S, Quinn R E. Diagnosing and changing organisational culture: Based on the competing values framework [ M ]. New York: Addison-Wesley Press, 1999.

[ 24 ] Chatterjee S, Lubatkin M H, Schweiger D M, et al. Cultural differences and shareholders value: Explaining the variability in the performance of related mergers [ J ]. Strategic Management Journal, 1992, 13 ( 5 ): 319–334.

[ 25 ] Child J, Faulkner D, Pitkethly R. The management of international

acquisitions [ M ]. New York：Oxford University Press，2001.

[ 26 ] Cooke R A，Szumal J L. Measuring normative beliefs and shared behavioral expectations in organisations：The reliability and validity of the organisational culture inventory [ J ]. Psychological Reports，1993，72 ( 3 )：1299–1330.

[ 27 ] Charmaz K. Constructing grounded theory ( introducing qualitative methods ) [ M ]. Thousand Oaks：SAGE Publisher，2014.

[ 28 ] Denison D R，Adkins B，Guidroz A M. Managing cultural integration in cross-border mergers and acquisitions [ M ]. Bingley：Emerald Group Publishing，2011 ( 6 )：95–115.

[ 29 ] Denison D R，Haaland S，Goelzer P. Corporate culture and organisational effectiveness：Is there a similar pattern around the world? [ M ]. Bingley：Elsevier Science，2003 ( 3 )：205–227.

[ 30 ] Denison D R，Neale W S. Denison organisational culture survey [ M ]. Ann Arbor：Denison Consulting，LLC，2018.

[ 31 ] Denison D R，Mishra A. K. Toward a theory of organisational culture and effectiveness [ J ]. Organization Science，1995，6 ( 2 )：204–223.

[ 32 ] Deng P，Liu Y，Gallagher V C，et al. International strategies of emerging market multinationals：A dynamic capabilities perspective [ J ]. Journal of Management and Organisation，2018 ( 1 )：1–18.

[ 33 ] Dosoglu-Guner B. Organisational culture as a discriminating variable of export activities：Some preliminary findings [ J ]. International Journal of Commerce and Management，2008 ( 17 )：270–283.

[ 34 ] Dawes J. Do data characteristics change according to the number of scale points used? An experiment using 5 - point，7 - point and 10 - point scales [ J ]. International Journal of Market Research，2008 ( 50 )：61–77.

[ 35 ] Dunning J H. Reappraising the eclectic paradigm in an age of alliance capitalism

[ J ]. Journal of International Business Studies, 1995 ( 1 ): 461–491.

[ 36 ] Eisenhardt K M. Agency theory: An assessment and review [ J ]. Academy of Management Review, 1989, 14 ( 1 ): 57–74.

[ 37 ] Erlingsson C, Brysiewicz P A. hands-on guide to doing content analysis [ J ]. African Journal of Emergency Medicine, 2017, 7 ( 3 ): 93–99.

[ 38 ] Field A. Discovering statistics using SPSS [ M ]. 3rd Ed. Thousand Oaks: SAGE Publisher, 2009.

[ 39 ] Franz M, Bollhorn K, Röhrig R. Industrial relations and FDI from China and India in Germany [ M ]. London: Taylor and Francis, 2017.

[ 40 ] Frey L R, Botan C H, Krepps G L. Investigating communication: An introduction to research methods [ M ]. Boston: Allyn & Bacon, 2000.

[ 41 ] Fuchs M, Schalljo M. "Western" professional ethics challenged by foreign acquisitions: German managers' patterns of interpretation surrounding Chinese and indian investors [ J ]. Geoforum, 2016 ( 75 ): 20–28.

[ 42 ] Giessner S R, Horton K E, Humborstad S I W. Identity management during organisational mergers: Empirical insights and practical advice [ J ]. Social Issues and Policy Review, 2016, 10 ( 1 ): 47–81.

[ 43 ] Gomes E, Weber Y, Brown C, et al. Mergers, Acquisitions and strategic alliances [ M ]. London: Taylor and Francis, 2011.

[ 44 ] Glaser S R, Zamanou S, Hacker K. Measuring and interpreting organisational culture [ J ]. Management Communication Quarterly, 1987, 1 ( 2 ): 173–198.

[ 45 ] González-Rodríguez G, Colubi A, Gil M A. Fuzzy data treated as functional data: A one-way ANOVA test approach [ J ]. Computational Statistics and Data Analysis, 2012, 56 ( 4 ): 943–955.

[ 46 ] Gupta V. Cultural basis of high-performance organisations [ J ]. International Journal of Commerce and Management, 2011, 21 ( 3 ): 221–240.

[47] Garbuio M，Lovallo D. Does organisational politics kill company growth?[J]. Review of International Business and Strategy，2017，27(4)：410-433.

[48] Ghoshal S，Bartlett C A. Rebuilding behavioral context：A blueprint for corporate[J]. Sloan Management Review，1995，37(2)：23-35.

[49] Gomes E，Angwin D N，Weber Y. et al. Critical success factors through the mergers and acquisitions process：Revealing pre-and post-M&A connections for improved performance[J]. Thunderbird International Business Review，2013(55)：13-35.

[50] Graebner M E，Heimeriks K H，Huy Q N et al. The process of post-merger integration：A review and agenda for future research[J]. Academy of Management Annals，2017，11(1)：1-32.

[51] Greenwood R，Hinngs C R，Brown J. Merging professional service firms[J]. Organisation Science，1994，5(2)：239-257.

[52] Gulanowski D，Papadopoulos N，Plante L. The role of knowledge in international expansion：Toward an integration of competing models of internationalization[J]. Review of International Business and Strategy，2018，28(1)：35-60.

[53] Hair J F，Black W C，Babin B J，et al. Multivariate data analysis[M]. 7th Ed. London：Pearson，2009.

[54] Hanemann T，Huotari M. Eu-China FDI：Working towards reciprocity in investment relations[J]. Merics Papers on China，2018(3)：1-44.

[55] Haspeslagh P C，JemisonDB. Managing acquisitions：Creating value through corporate renewal[M]. New York：Free Press，1991.

[56] Helfat C E，Peteraf M A. The dynamic resource-based view：Capability lifecycles[J]. Strategic Management Journal，2003(24)：997-1010.

[57] Helfat C E，Finkelstein S，Mitchell W，et al. Dynamic capabilities：

understanding strategic change in organizations [ M ]. New York, NY. 2007.

[ 58 ] Hoffman D. Second-Wave post-merger integration [ EB/OL ] . www.oliverwyman.com/our-expertise/insights/archive/second-wave-post-merger-integration.html.

[ 59 ] Hofstede G, Neujen B, Daval O. et al. Measuring organisational culture, a qualitative and quantitative study across twenty cases [ J ] . Administrative Science Quarterly, 1990, 35 ( 2 ): 286–316.

[ 60 ] Howitt D, Cramer D. Understanding statistics in psychology with SPSS [ M ]. 7th Ed. New York: Pearson, 2017.

[ 61 ] Hu Y J, Yang Y F, Islam M. Leadership behavior, satisfaction, and balanced scorecard approach: An empirical investigation of the manager-employee relationship of retail institutes in Taiwan [ J ] . International Journal of Commerce and Management, 2010, 20 ( 4 ): 339–356.

[ 62 ] He X, Zhang J. Emerging market MNCs' cross-border acquisition completion: Institutional image and strategies [ J ] . Journal of Business Research, 2018 ( 93 ): 139–150.

[ 63 ] Idris S A M, Wahab R A, Jaapar A. Corporate cultures integration and organisational performance: A conceptual model on the performance of acquiring companies [ J ] . Procedia-Social and Behavioral Sciences, 2015 ( 172 ): 591–595.

[ 64 ] Jit Singh Mann B, Kohli R. Target shareholders' wealth creation in domestic and cross-border acquisitions in India [ J ]. International Journal of Commerce and Management, 2011, 21 ( 1 ): 63–81.

[ 65 ] Jolliffe I T. Discarding variables in a principal component analysis I: artificial data [ J ]. Applied Statistics, 1972, 21 ( 2 ): 160–173.

[ 66 ] Kavanagh M H, Ashkanasy N M. The impact of leadership and change

management strategy on organizational culture and individual acceptance of change during a merger [ J ]. British Journal of Management, 2006 ( 17 ): 81–103.

[ 67 ] Kale P, Singh H. Characteristics of emerging market mergers and acquisitions [ M ]. Oxford University Press, 2012.

[ 68 ] Kitching J. Why do mergers miscarry? [ J ]. Harvard Business Review, 1967, 45 ( 6 ): 84–100.

[ 69 ] Knoerich J. Gaining from the global ambitions of emerging economy enterprises: An analysis of the decision to sell a German firm to a Chinese acquirer [ J ]. Journal of International Management, 2010 ( 16 ): 177–191.

[ 70 ] Kumar N. How emerging giants are rewriting the rules of M&A [ J ]. Harvard Business Review, 2009, 87 ( 5 ): 115–121.

[ 71 ] Kumar K, Boesso G, Yao J. Cultural values, institutional arrangements and stakeholder management culture: A cross-national study [ J ]. Review of International Business and Strategy, 2017, 27 ( 4 ): 450–465.

[ 72 ] Lebedev S, Peng M W, Xie E. et al. Mergers and acquisitions in and out of emerging economies [ J ]. Journal of World Business, 2015, 50 ( 4 ): 651–662.

[ 73 ] Lee D, Kim K, Kim T G, et al. How and when organisational integration efforts matter in South Korea: A psychological process perspective on the post-merger integration [ J ]. The International Journal of Human Resource Management, 2013, 24 ( 5 ): 944–965.

[ 74 ] Liu Y, Woywode M. Light-Touch integration of Chinese cross-border M&A: The influences of culture and absorptive capacity [ J ]. Thunderbird International Business Review, 2013, 55 ( 4 ): 469–483.

[ 75 ] Lindgren U. Foreign Acquisitions: Management of the integration process [ D ]. PHD dissertation of Institute of International Business, Stockholm School of

Economics, 1982.

[ 76 ] Liu Y, Deng P. Chinese Cross-Border M&A: Past achievement, contemporary debates and future direction [ J ]. Advances in Mergers and Acquisitions, 2014 ( 13 ): 85–107.

[ 77 ] Le Corre P. Chinese investments in European countries: Experiences and lessons for the "belt and road" initiative [ M ]. Singapore: Palgrave Macmillan, 2018.

[ 78 ] Laurent A. The cross-cultural puzzle of international human resource management [ J ]. Human Resource Management, 1986 ( 25 ): 91–102.

[ 79 ] Luo Y, Tung R L. International expansion of emerging market enterprises: A springboard perspective [ J ]. Journal of International Business Studies, 2007 ( 38 ): 481–498.

[ 80 ] Luo Y, Tung R L.A general theory of springboard MNEs [ J ]. Journal of International Business Studies, 2017 ( 49 ): 129–152.

[ 81 ] Li P P. Toward a geocentric theory of multinational evolution: The implications from the Asian MNEs [ J ]. Asian Pacific Journal of Management, 2003( 20 ): 217–242.

[ 82 ] Li P P. Toward an integrated theory of multinational evolution: The evidence of Chinese multinational enterprises as latecomers [ J ]. Journal of International Management, 2007 ( 13 ): 296–318.

[ 83 ] Marchand M. Do all emerging-market firms partner with their acquisitions in advanced economies? A comparative study of 25 emerging multinationals' acquisitions in France: Do all emerging market firms partner [ J ]. Thunderbird International Business Review, 2017, 59 ( 3 ): 297–312.

[ 84 ] Mayrhofer U. The influence of national origin and uncertainty on the choice between cooperation and merger-acquisition: An analysis of french and

German firm [ J ]. International Business Review, 2004, 13 ( 1 ): 83–99.

[ 85 ] Myers L, Sirois M J. Spearman correlation coefficients, differences between [ J ]. Encyclopedia of Statistical Sciences, 2006 ( 3 ): 7–14.

[ 86 ] Meyer K E, Ding Y, Li J, et al. Overcoming distrust: How state-owned enterprises adapt their foreign entries to institutional pressures abroad [ J ]. Journal of International Business Studies, 2014, 45 ( 8 ): 1005–1028.

[ 87 ] Mirvis P H, Marks M L.A framework for the human resources role in managing culture in mergers and acquisitions [ J ]. Human Resource Management, 2011, 50 ( 6 ): 859–877.

[ 88 ] Moeller S B, Schlingemann F P, Stulz R M. Firm size and the gains from acquisitions [ J ]. Journal of Financial Economics, 2004, 73 ( 2 ): 201–228.

[ 89 ] Musacchio A, Lazzarini S G. State-Owned enterprises as multinationals: Theory and research directions [ M ]. Cham: Springer International Publishing, 2018.

[ 90 ] Marchand M. When the south takes over the north: Dynamics of up-market integrations by emerging multinationals [ J ]. Management, 2015, 18 ( 1 ): 31–53.

[ 91 ] Mathews J A. LLL framework: Dragon multinationals: New players in 21st century globalization [ J ]. Asia Pacific Journal of Management, 2006 ( 23 ): 5–27.

[ 92 ] Meyer K E, Ding Y, Li J, et al. Overcoming distrust: How state-owned enterprises adapt their foreign entries to institutional pressures abroad [ J ]. Journal of International Business Studies, 2014, 45 ( 8 ): 1005–1028.

[ 93 ] Morosini P, Shane S, Singh H. National cultural distance and cross-border acquisition performance [ J ]. Journal of International Business Studies, 1998, 29 ( 1 ): 137–158.

[ 94 ] Moeller S B, Schlingemann F P, Stulz R M. Firm size and the gains from acquisitions [ J ]. Journal of Financial Economics, 2004, 73 ( 2 ): 201–228.

[ 95 ] Kluwer E, Nauta A. The use of questionnaires in conflict research [ J ]. International Negotiation, 2004, 9 ( 3 ): 457–470.

[ 96 ] Nahavandi A, Malekzadeh A R. Acculturation in mergers and acquisitions [ J ]. Academy of Management Review, 1988, 13 ( 1 ): 79–90.

[ 97 ] Obeidat B Y, Al–Hadidi A, Tarhini A, et al. Factors affecting strategy implementation: A case study of pharmaceutical companies in the Middle East [ J ]. Review of International Business and Strategy, 2017, 27 ( 3 ): 386–408.

[ 98 ] O'Reilly C, Chatman J, Caldwell D. People and organisational culture: A Q-sort approach to assessing person-organisation fit [ J ]. Academy of Management Journal, 1991, 34 ( 3 ): 487–516.

[ 99 ] Pioch E. "Business as usual?" Retail employee perceptions of organisational life following cross-border acquisition [ J ]. The International Journal of Human Resource Management, 2007, 18 ( 2 ): 209–231.

[ 100 ] Pitkethly R, Faulkner F, Child J. Integrating acquisitions [ M ]. New York: JAI Press, 2003.

[ 101 ] Paavola A. Negotiation strategies and offers Perceptions of mergers and acquisitions advisors [ D ]. Finland: University of Jyväskylä Department of Communication, 2014.

[ 102 ] Park K M, Meglio O, Bauer F, et al. Managing patterns of internationalization, integration, and identity transformation: The post-acquisition metamorphosis of an Arabian Gulf EMNC [ J ]. Journal of Business Research, 2018 ( 93 ): 122–138.

[ 103 ] Pablo A. Determinants of acquisition integration level: A decision-making

perspective [ J ]. Academy of Management Journal, 1994, 37 ( 4 ): 803–836.

[ 104 ] PWC. Chinesische M&A-Aktivitäten in Deutschland Mai 2016 [ EB/OL ]. https: //www.pwc.de/de/deals/assets/chinesische-m-und-a-investitionen-in-deutschland-juni-2016.pdf.

[ 105 ] Qiu T, Homer P M. Cultural fit and the choice of international market entry scale of Chinese firms [ J ]. Journal of Global Marketing, 2018 ( 31 ): 308–323.

[ 106 ] Rao-Nicholson R, Khan Z, Stokes P. Making great minds think alike: Emerging market multinational firms' leadership effects on targets' employee psychological safety after cross-border mergers and acquisitions [ J ]. International Business Review, 2016 ( 25 ): 103–113.

[ 107 ] Quinn R E, Spreitzer G M. The psychometrics of the competing values culture instrument and an analysis of the impact of organisational culture changes and development [ J ]. Research in Organisational Change and Development, 1991, 1 ( 5 ): 115–142.

[ 108 ] Rani N, Yadav S S, Jain P K. Financial performance analysis of mergers and acquisitions: Evidence from India [ J ]. International Journal of Commerce and Management, 2015, 25 ( 4 ): 402–423.

[ 109 ] Rexhepi G, Ramadani V, Rahdari A, et al. Models and strategies of family businesses internationalisation: A conceptual framework and future research directions [ J ]. Review of International Business and Strategy, 2017, 27 ( 2 ): 248–260.

[ 110 ] Rouzies A, Colman H L, Angwin D. Recasting the dynamics of post-acquisition integration: An embeddedness perspective [ J ]. Long Range Planning, 2019, 52 ( 2 ): 271–282.

[ 111 ] Rua O L. From intangible resources to export performance: Exploring the mediating effect of absorptive capabilities and innovation [ J ]. Review of

International Business and Strategy, 2018, 28 (3/4): 373–394.

[112] Ramamurti R. What is really different about emerging market multinationals? [J]. Global Strategy Journal, 2012 (2): 41–47.

[113] Rea A, Rea W. How many components should be retained from a multivariate time series PCA? [J].Unclear Publisher, 2016 (1): 7–14.

[114] Richter-Tokar M. Multinational enterprises from china in Germany: Institutional distance, agency and networks [D]. Ernst-Moritz-Arndt-Universität Greifswald. 2019.

[115] Rubin B R, Rubin A M, Haridakis P M, et al. Communication research strategies and sources [M]. 7th Ed. Boston: Cengage Learning, 2009.

[116] Sarala R M. The impact of cultural differences and acculturation factors on post-acquisition conflict [J]. Scandinavian Journal of Management, 2010 (26): 38–56.

[117] Schneider S C. National vs. corporate culture: Implications for human resource management [J]. Human Resource Management, 1988 (27): 231–247.

[118] Schweizer L. Organizational integration of acquired biotechnology firms into pharmaceutical firms: The need for a hybrid approach [J]. Academy of Management Journal, 2005, 48 (6): 1051–1074.

[119] Sekaran U, Bougie R. Research methods for business—A skill building approach [M]. 7th Ed. West Sussex: John Wiley and Sons, 2013.

[120] SMB. Consultants Chinesische akquisitionen in deutschland 2005–2017 [EB/OL]. https: //www.bvkap.de/sites/default/files/study/studie_china.pdf.

[121] Sun Z. Chinese reverse M&A: The Wu Wei paradigm of post-M&A integration process [J]. Chinese Management Studies, 2018 (12): 774–794.

[122] Siehl C, Smith D. Avoiding the loss of again: Retaining top managers in an

acquisition [ J ]. Human Resource Management, 1990 ( 29 ): 167–185.

[ 123 ] Si Y, Liefner I. Cognitive distance and obstacles to subsidiary business success-the experience of Chinese companies in Germany [ J ]. Tijdschrift voor Economische en Sociale Geografie, 2014, 105 ( 3 ): 285–300.

[ 124 ] Shaukat S S, Rao T A, Khan M A. Impact of sample size on principal component analysis ordination of an environmental data set: Effects on eigenstructure [ J ]. Ekológia ( Bratislava ), 2016, 35 ( 2 ): 173–190.

[ 125 ] Shearer C S, Hames D S, Runge J B. How CEOs influence organizational culture following acquisitions [ J ]. Leadership & Organization Development Journal, 2001 ( 22 ): 105–113.

[ 126 ] Schweizer L. Organizational integration of acquired biotechnology firms into pharmaceutical firms: The need for a hybrid approach [ J ]. Academy of Management Journal, 2005, 8 ( 6 ): 1051–1074.

[ 127 ] Sarala R. The impact of cultural factors on Post-Acquisition integration: domestic and foreign acquisitions of Finnish companies in 1993–2004 [ D ]. Finland: Svenska Handelshögskolan, 2008.

[ 128 ] Schein E H, Schein P A. The corporate culture survival guide [ M ]. 3rd Eds. Michigan: Audible Studios on Brilliance Audio; Unabridged Edition, 2016.

[ 129 ] Schein E H. Organisational culture and leadership [ M ]. 4th Eds. San Francisco: Jossey-Bass, 2010.

[ 130 ] Scott T, Mannion R, Davies H. et al. The quantitative measurement of organisational culture in health care: A review of the available instruments [ J ]. Health Services Research, 2003, 38 ( 3 ): 923–945.

[ 131 ] Siehl C, Martin J. Mixing qualitative and quantitative methods [ M ]. London: Sage, 1988.

[ 132 ] Sabri H A. Re-examination of Hofstede's work value orientations on perceived leadership styles in Jordan [ J ] . International Journal of Commerce and Management, 2012, 22 ( 3 ): 202–218.

[ 133 ] Tripathi V, Lamba A. What drives cross-border mergers and acquisitions? A study of Indian multinational enterprises [ J ] . Journal of Strategy and Management, 2015, 8 ( 4 ): 384–414.

[ 134 ] Tabatabaei S A N, Faramarzi S. Analyzing and evaluating the impact of organisational culture on personnel empowerment ( case study: Health insurance of Chaharmahal and Bakhtiari province ) [ J ] . Tanaman: Buletin Teknol, 2015, 12 ( 1 ): 56–62.

[ 135 ] Tsai M, Cheng Y. Asset specificity, culture, experience, firm size and entry mode strategy: Taiwanese manufacturing firms in China, South-East Asia and Western Europe [ J ] . International Journal of Commerce and Management, 2004, 14 ( 3/4 ): 1–27.

[ 136 ] Torres de Oliveira R, Rottig, D. Chinese acquisitions of developed market firms: Home semi-formal institutions and a supportive partnering approach [ J ] . Journal of Business Research, 2018 ( 93 ): 230–241.

[ 137 ] Ullrich J, R van D. The group psychology of mergers and acquisitions: Lessons from the social identity approach [ M ] . Bingley: Emerald, 2007.

[ 138 ] Van der Post W Z, de Coning T J, Smit EvM. An instrument to measure organisational culture [ J ] . South African Journal of Business Management, 1997, 28 ( 4 ): 147–168.

[ 139 ] van den Oever K, Martin X. Fishing in troubled waters? Strategic decision-making and value creation and appropriation from partnerships between public organizations [ J ] . Strategic Management Journal, 2018 ( 1 ): 1–24.

[ 140 ] Verdu-Jover A J, Alos-Simo L, Gomez-Gras J M. Adaptive culture and

product/ service innovation outcomes [ J ]. European Management Journal, 2018, 36 ( 3 ): 330–340.

[ 141 ] Viegas-Pires M. Multiple levels of culture and post M&A integration: A suggested theoretical framework [ J ]. Thunderbird International Business Review, 2013, 55 ( 4 ): 357–370.

[ 142 ] Vijayakumar V S R, Padma R N. Impact of perceived organisational culture and learning on organisational identification [ J ]. International Journal of Commerce and Management, 2014, 24 ( 1 ): 40–62.

[ 143 ] Wahid ElKelish W, Kamal Hassan M. Organisational culture and corporate risk disclosure: An empirical investigation for United Arab Emirates listed companies [ J ]. International Journal of Commerce and Management, 2014, 24 ( 4 ): 279–299.

[ 144 ] Wei T, Clegg J. Successful integration of target firms in international acquisitions: A comparative study in the medical technology industry [ J ]. Journal of International Management, 2014, 20 ( 2 ): 237–255.

[ 145 ] Wu H, Chen J, Jiao H. Dynamic capabilities as a mediator linking international diversification and innovation performance of firms in an emerging economy [ J ]. Journal of Business Research, 2016, 69 ( 8 ): 2678–2686.

[ 146 ] Weber Y. Corporate culture fit and performance in mergers and acquisitions [ J ]. Human Relations, 1996, 9 ( 9 ): 1181–1202.

[ 147 ] Weber Y, Shenkar O, Raveh A. National and corporate cultural fit in mergers/ acquisitions: An exploratory study [ J ]. Management Science, 1996, 42 ( 8 ): 1215–1227.

[ 148 ] Weber Y, Tarba S Y, Reichel A. A model of the influence of culture on integration approaches and international mergers and acquisitions

performance [ J ]. International Studies of Management and Organisation, 2011 ( 41 ): 9–24.

[ 149 ] Wang S L, Luo Y, Lu X, et al. Autonomy delegation to foreign subsidiaries: An enabling mechanism for emerging-market multinationals [ J ]. Journal of International Business Studies, 2014 ( 45 ): 111–130.

[ 150 ] Wang L, Michaelis B. Learning-based acquisition capability, M&A performance, and post-acquisition integration strategy: A meta-analysis. 2016 annual meeting of the academy of management [ C ]. Anaheim: Unclear Publisher, 2016.

[ 151 ] Weber Y, Yedidia Tarba S, Reichel A. International mergers and acquisitions performance revisited-the role of cultural distance and post-acquisition integration approach [ J ]. Advances in Mergers and Acquisitions, 2009 ( 8 ): 1–17.

[ 152 ] Wei T, Clegg J. Successful integration of target firms in international acquisitions: A comparative study in the medical technology industry [ J ]. Journal of International Management, 2014, 20 ( 2 ): 237–255.

[ 153 ] Wu H, Chen J, Jiao H. Dynamic capabilities as a mediator linking international diversification and innovation performance of firms in an emerging economy [ J ]. Journal of Business Research, 2016 ( 69 ): 2678–2686.

[ 154 ] Xenikou A, Furnham A. a correlational and factor analytic study of four questionnaire measures of organisational culture [ J ]. Human Relations, 1996, 49 ( 3 ): 349–371.

[ 155 ] Yeganeh H. Culture and international trade: Evidence from Canada [ J ]. International Journal of Commerce and Management, 2011, 21 ( 4 ): 381–393.

[ 156 ] Yin R K. Case study research: Design and methods [ M ]. Thousand Oaks:

Sage，2003.

[ 157 ] Yang J Y，Chen L，Tang Z. Chinese M&As in Germany [ M ]. Cham：Springer International Publishing，2019.

[ 158 ] Zahra S A，Sapienza H J，Davidsson P. Entrepreneurship and dynamic capabilities：A review，model and research agenda [ J ]. Journal of Management Studies，2006，43（4）：917–955.

[ 159 ] Zheng N，Wei Y，Zhang Y，et al. In search of strategic assets through cross-border merger and acquisitions：Evidence from Chinese multinational enterprises in developed economies [ J ]. International Business Review，2016，25（1）：177-186.

[ 160 ] Zhou N. Hybrid state-owned enterprises and internationalisation：Evidence from emerging market multinationals [ J ]. Management International Review，2018，58（4）：605–631.

[ 161 ] Zhang Y，Enang E，Sminia H. Post-acquisition integration of emerging market multinational corporations：A research agenda [ J ]. Multinational Business Review，2019（27）：4–34.

[ 162 ] 陈其齐，史轩亚，杜义飞，薛敏 . CMNEs 嵌入发达国家市场过程研究——以四川长虹电器股份有限公司近 30 年海外扩张为例 [ J ]. 管理学报，2021，18（7）：959–969.

[ 163 ] 陈小梅，吴小节，汪秀琼，蓝海林 . 中国企业逆向跨国并购整合过程的质性元分析研究 [ J ]. 管理世界，2021，37（11）：159–183.

[ 164 ] 程聪，谢洪明，池仁勇 . 中国企业跨国并购的组织合法性聚焦：内部，外部，还是内部 + 外部？[ J ]. 管理世界，2017（4）：158–173.

[ 165 ] 程聪 . 中国企业跨国并购后组织整合制度逻辑变革研究：混合逻辑的视角 [ J ]. 管理世界，2020，36（12）：127–145.

[ 166 ] 崔连广，冯永春，苏萌萌 . 中国企业海外子公司逆向知识转移研究

[J]. 管理学报，2019，16（1）：142–149.

[167] 崔永梅，李瑞，曾德麟 . 资源行动视角下并购重组企业协同价值创造机理研究——以中国五矿与中国中冶重组为例［J］. 管理评论，2021，33（10）：237–248.

[168] 崔永梅，赵妍，于丽娜 . 中国企业海外并购技术整合路径研究——中国一拖并购 McCormick 案例分析［J］. 科技进步与对策，2018，35（7）：97–105.

[169] 杜健，郑秋霞，郭斌 . 坚持独立或寻求依赖？“蛇吞象”式跨国并购的整合策略研究［J］. 南开管理评论，2020，23（6）：16–26.

[170] 杜健，周超 . 母国网络关系嵌入性与企业跨国动态能力——来自中国的经验证据［J］. 外国经济与管理，2018，40（4）：43–55.

[171] 范黎波，武天兰，翟正男 . 资源相关性与企业并购成败的关系——以中国制造业企业为例［J］. 技术经济，2018，37（5）.

[172] 龚丽敏，胡岩，江诗松，陈博康，游文利 . 并购双方的依赖模式、整合战略与并购绩效：一个仿真研究［J］. 管理工程学报，2022，36（2）：98–108.

[173] 顾慧莹，王小妹，姚铮 . 管理者反收购策略研究评述和展望［J］. 外国经济与管理，2017，39（5）：115–128.

[174] 韩蕾 . 基于价值链嵌入视角的企业并购整合路径研究——以创维数字并购欧洲 Strong 为例［J］. 财会通讯，2019（10）：40–44.

[175] 胡杰，武韩丽 . 东道国国家风险对我国上市公司跨国并购绩效的影响［J］. 外国经济与管理，2017，39（9）：113–128.

[176] 黄嫚丽，董少军 . 跨国并购整合过程“黑箱”如何被打开：文献述评与展望［J］. 管理现代化，2021，41（5）：112–115.

[177] 黄嫚丽，张慧如，刘朔 . 中国企业并购经验与跨国并购股权的关系研究［J］. 管理学报，2017，14（8）：1134–1142.

[178] 黄嫚丽，张明，皮圣雷，陆诗夏．中国企业逆向跨国并购整合组态与并购整合绩效关系研究［J］．管理学报，2019，16（5）：656-664.

[179] 黄嫚丽，张钺，李静．基于时间过程视角的连续并购研究综述［J］．管理学报，2020，17（9）：1412-1422.

[180] 金源，李蕾．跨国企业逆向知识转移中管控机制的作用——中国化工并购法国安迪苏的案例分析［J］．国际经济合作，2019（6）：80-88.

[181] 寇蔻，李莉文．德国的外资安全审查与中企在德并购面临的新挑战［J］．国际论坛，2019，21（6）：96-111+158.

[182] 李洪，叶广宇，赵文丽．距离产生美：跨国并购中个人/集体主义价值观差异的不对称效应［J］．南开管理评论，2019，22（6）：152-164.

[183] 李善民，公淑玉，庄明明．文化差异影响 CEO 的并购决策吗？［J］．管理评论，2019，31（6）：144-159.

[184] 李田，刘阳春，毛蕴诗．OEM 企业逆向并购与企业升级——台升及万向的比较案例研究［J］．经济管理，2017，39（7）：67-84.

[185] 刘林青，陈紫若．共同依赖与中国企业并购的倒 U 形关系研究［J］．管理学报，2020，17（8）：1139-1149.

[186] 刘伟，蔡志洲．新时代中国经济增长的国际比较及产业结构升级［J］．管理世界，2018，34（1）：16-24.

[187] 孟凡臣，谷洲洋．并购整合、社会资本与知识转移：基于吉利并购沃尔沃的案例研究［J］．管理学刊，2021，34（5）：24-40.

[188] 孟凡臣，刘博文．跨文化吸收能力：跨国并购背景下知识转移过程的探索［J］．管理工程学报，2019，33（2）：50-60.

[189] 孟凡臣，赵中华．跨文化吸收能力对国际并购知识转移影响机制的多案例研究［J］．管理学报，2018，15（8）：1221-1230.

[190] 乔璐，赵广庆，吴剑峰．距离产生美感还是隔阂？国家间距离与跨国并购绩效的元分析［J］．外国经济与管理，2020，42（12）：119-133.

［191］任鸽，陈伟宏，钟熙．高管国际经验、环境不确定性与企业国际化进程［J］. 外国经济与管理，2019，41（9）：109–121.

［192］任曙明，王倩，韩月琪，李莲青．资源相似是技术并购的“福音”吗？——基于能力匹配的视角［J］. 大连理工大学学报（社会科学版），2021，42（6）：32–46.

［193］汪涛，陆雨心，金珞欣．动态能力视角下组织结构有机性对逆向国际化绩效的影响研究［J］. 管理学报，2018，15（2）：174–182.

［194］王弘书，周绍杰，施新伟，胡鞍钢．地方国有企业海外并购中战略资产寻求动机的实证研究［J］. 管理学报，2021，18（3）：343–352.

［195］王利平，呼睿颖．跨国复杂情境下基于目标的整合性制度化——以中亚天然气管道工程为例［J］. 管理学报，2021，18（9）：1296–1306.

［196］王娜，王永贵．跨国公司子公司自主决策权的战略性影响研究［J］. 外国经济与管理，2017，39（5）：58–72.

［197］王庆德，乔夫．央企“走出去”——海外并购公司的管理模式研究［J］. 管理评论，2017，29（10）：211–222.

［198］王益民，梁枢，赵志彬．国际化速度前沿研究述评：基于全过程视角的理论模型构建［J］. 外国经济与管理，2017，39（9）：98–112.

［199］魏江，王丁，刘洋．来源国劣势与合法化战略——新兴经济企业跨国并购的案例研究［J］. 管理世界，2020，36（3）：101–120.

［200］魏江，杨洋．跨越身份的鸿沟：组织身份不对称与整合战略选择［J］. 管理世界，2018，34（6）：140–156+188.

［201］魏炜，朱青元，林桂平．政治关联、多元化并购与企业并购绩效［J］. 管理学报，2017，14（7）：998–1005.

［202］吴先明．跨国企业：自 Hymer 以来的研究轨迹［J］. 外国经济与管理，2019，41（12）：135–160.

［203］吴小节，陈小梅，谭晓霞，汪秀琼．企业纵向整合战略理论视角研究

述评［J］. 管理学报，2020，17（3）：456–466.

［204］吴小节，谭晓霞，汪秀琼，邓平 . 新兴市场跨国公司国际扩张：知识框架与研究综述［J］. 南开管理评论，2019，22（6）：99–113+199.

［205］谢洪明，章俨，刘洋，程聪 . 新兴经济体企业连续跨国并购中的价值创造：均胜集团的案例［J］. 管理世界，2019，35（5）：161–178+200.

［206］徐雨森，王鑫 . 跨国公司逆向创新过程中的创新障碍与破解能力组合研究［J］. 管理学报，2018，15（9）：1275–1284.

［207］许晖，单宇 . 新兴经济体跨国企业子公司网络嵌入演化机理研究［J］. 管理学报，2018，15（11）：1591–1600.

［208］许晖，张超敏，单宇 . 中国跨国企业海外市场机会构建内在机理研究——基于资源杠杆理论视角的多案例研究［J］. 南开管理评论，2020，23（6）：4–15+189.

［209］颜士梅，张钢 . 并购整合中身份凸显性转化以及对离职意愿的影响：多案例研究［J］. 管理世界，2020，36（8）：110–127.

［210］颜士梅 . 创业型并购不同阶段的知识员工整合风险及其成因——基于 ASA 模型的多案例分析［J］. 管理世界，2012（7）：108–123+166+187–188.

［211］杨勃，刘娟 . 来源国劣势：新兴经济体跨国企业国际化“出身劣势”——文献评述与整合框架构建［J］. 外国经济与管理，2020，42（1）：113–125.

［212］杨勃，张宁宁 . 新兴经济体企业逆向跨国并购的新型整合战略研究——文献评述与整合框架构建？［J］. 当代经济管理，2020，42（5）：26–34.

［213］姚小涛，王勇，刘瑞禹 .“威而不霸”与解耦式身份重构：吉利并购宝腾事件中李书福的管理应对之道［J］. 管理学报，2021，18（6）：791–802.

［214］张明，蓝海林，曾萍．管理者过度自信：研究述评与展望［J］. 外国经济与管理，2019，41（2）：17-29+138.

［215］张双鹏，周建．企业并购战略的决策动因述评：从理性预期到行为研究［J］. 外国经济与管理，2018，40（10）：107-121.

［216］赵凯，王健．企业与政府并购控制的不完全信息动态博弈［J］. 管理科学学报，2018，21（11）：35-49.

［217］赵毅，乔朋华．企业海外收购动因会影响股权选择吗？——兼谈企业盈利能力的调节效应［J］. 外国经济与管理，2018，40（2）：51-67+137.

［218］周常宝，王洪梁，林润辉，冯志红，李康宏．新兴市场企业跨国并购后组织内部合法性的动态演化机制——基于社会心理学视角［J］. 管理评论，2020，32（9）：251-265.

［219］周路路，赵曙明，王埏．企业跨国并购后不同整合阶段控制机制选择——以北京四维-约翰逊公司为例［J］. 软科学，2012，26（3）：86-90.

［220］朱方伟，宋昊阳，王鹏，赵萌萌．国有集团母子公司管控模式的选择：多关键因素识别与组合影响［J］. 南开管理评论，2018，21（1）：75-87.

# 附　录

## 附录 1　关于影响中国跨国公司整合德国标的企业的组织文化维度调查问卷

尊敬的受访者：

本问卷调查旨在确定收购后您所在的并购后新合并组织中，影响您的中国投资方整合德国标的企业程度的主要组织文化维度。我们真诚地询问您的宝贵意见，恳请您根据您的个人喜好来回答本次调查。填写此问卷大约需要 15 分钟。本次调查是自愿的。您的答案将完全保密，并且仅以摘要的形式发布，无法识别个人的答案。

鉴于本次调查针对的是了解中国投资方收购德国标的企业后具体的整合过程的受访者，因此，这里我们提出了一个前提问题：您是否参与了整合决策的过程?

- 是（请继续回答此问卷）
- 否（请不要继续回答此问卷）

## Ⅰ. 基本信息

| | | | | |
|---|---|---|---|---|
| 1 | 您的国籍 | □ 中国 | □ 德国 | |
| 2 | 您的性别 | □ 男性 | □ 女性 | |
| 3 | 您的年龄 | □ 30 岁以下 | □ 30 ~ 50 岁 | □ 50 岁以上 |
| 4 | 您的学历 | □ 本科及以下 | □ 硕士 | □ 博士及以上 |
| 5 | 您在并购整合领域的工作经验 | □ 少于 1 年<br>□ 5 ~ 10 年 | □ 1 ~ 2 年<br>□ 10 年以上 | □ 2 ~ 5 年 |
| 6 | 您的职位 | □ 初级 | □ 高级 | □ 其他 |
| 7 | 您收购方的企业性质 | □ 合资企业 | □ 私营企业 | □ 国有企业 |
| 8 | 您的业务类型 | | □ 原材料<br>□ 银行 / 券商<br>□ 工业<br>□ 消费品<br>□ 医疗保健和制药<br>□ 运输与物流<br>□ 能源与环保技术<br>□ 汽车 | |
| 9 | 您收购方的员工数量 | □ 少于 50 人<br>□ 500 ~ 5000 人 | | □ 50 ~ 500 人<br>□ 5000 人以上 |

## Ⅱ. 单项选择

| 并购后，中国跨国企业在整合标的企业时，可以使用三种整合模式。您的中国投资方倾向于采用下列三种模式中的哪一种： |
|---|
| □ 保留（较低程度的整合：德国标的高度自治，保持完整并照常运作，几乎没有变化；中方很少干预标的企业的结构和生产运营；几乎没有沟通和活动协调） |
| □ 合作（中等程度的整合：德国标的高度自治，几乎没有变化；中方很少干预标的企业的结构和生产运营；但双方之间有频繁的沟通和活动协调） |
| □ 吸收（最高程度的整合：德国标的自主性很低，组织和运营结构与中方的系统高度一致和标准化；中方严重干预和控制德国标的的组织和生产运营） |

Ⅲ. 您认为以下组织文化陈述在多大程度上影响了您所在组织的中国投资方的整合程度？

| 1. 重视产品质量而非单纯追求效率 | | | | | | |
|---|---|---|---|---|---|---|
| 完全不重要 | ① | ② | ③ | ④ | ⑤ | 非常重要 |
| 2. 鼓励和奖励创新和冒险精神 | | | | | | |
| 完全不重要 | ① | ② | ③ | ④ | ⑤ | 非常重要 |
| 3. 喜欢单独工作 | | | | | | |
| 完全不重要 | ① | ② | ③ | ④ | ⑤ | 非常重要 |
| 4. 弹性工作时间而不是固定工作时间的工作氛围 | | | | | | |
| 完全不重要 | ① | ② | ③ | ④ | ⑤ | 非常重要 |
| 5. 自下而上收集决策信息 | | | | | | |
| 完全不重要 | ① | ② | ③ | ④ | ⑤ | 非常重要 |
| 6. 领导者设定雄心勃勃但切合实际的标的企业 | | | | | | |
| 完全不重要 | ① | ② | ③ | ④ | ⑤ | 非常重要 |
| 7. 员工相信他们有积极的影响 | | | | | | |
| 完全不重要 | ① | ② | ③ | ④ | ⑤ | 非常重要 |
| 8. 信息被广泛共享，员工可以获得他们需要的东西 | | | | | | |
| 完全不重要 | ① | ② | ③ | ④ | ⑤ | 非常重要 |
| 9. 组织不同部门之间的合作 | | | | | | |
| 完全不重要 | ① | ② | ③ | ④ | ⑤ | 非常重要 |
| 10. 业务规划在某种程度上涉及所有员工 | | | | | | |
| 完全不重要 | ① | ② | ③ | ④ | ⑤ | 非常重要 |
| 11. 领导重视文化融合 | | | | | | |
| 完全不重要 | ① | ② | ③ | ④ | ⑤ | 非常重要 |
| 12. 中德高层合作 | | | | | | |
| 完全不重要 | ① | ② | ③ | ④ | ⑤ | 非常重要 |
| 13. 德国人与其原来德国公司的心理距离 | | | | | | |
| 完全不重要 | ① | ② | ③ | ④ | ⑤ | 非常重要 |

续表

| | | | | | | |
|---|---|---|---|---|---|---|
| 14. 愿意互相学习 | | | | | | |
| 完全不重要 | ① | ② | ③ | ④ | ⑤ | 非常重要 |
| 15. 双方对多元文化的态度 | | | | | | |
| 完全不重要 | ① | ② | ③ | ④ | ⑤ | 非常重要 |
| 16. 所有成员都对客户的需求有深刻的理解 | | | | | | |
| 完全不重要 | ① | ② | ③ | ④ | ⑤ | 非常重要 |
| 17. 重视员工能力作为重要的竞争优势 | | | | | | |
| 完全不重要 | ① | ② | ③ | ④ | ⑤ | 非常重要 |
| 18. 整合速度的控制 | | | | | | |
| 完全不重要 | ① | ② | ③ | ④ | ⑤ | 非常重要 |
| 19. 中下层领导战略实施 | | | | | | |
| 完全不重要 | ① | ② | ③ | ④ | ⑤ | 非常重要 |
| 20. 领导者的个人魅力 | | | | | | |
| 完全不重要 | ① | ② | ③ | ④ | ⑤ | 非常重要 |
| 21. 领导者的沟通技巧 | | | | | | |
| 完全不重要 | ① | ② | ③ | ④ | ⑤ | 非常重要 |
| 22. 对未来战略、愿景、使命的清晰理解 | | | | | | |
| 完全不重要 | ① | ② | ③ | ④ | ⑤ | 非常重要 |
| 23. 员工对整合的态度或情绪反应 | | | | | | |
| 完全不重要 | ① | ② | ③ | ④ | ⑤ | 非常重要 |
| 24. 高层管理人员流动率 | | | | | | |
| 完全不重要 | ① | ② | ③ | ④ | ⑤ | 非常重要 |
| 25. 对员工技能的持续投资 | | | | | | |
| 完全不重要 | ① | ② | ③ | ④ | ⑤ | 非常重要 |
| 26. 能够在不影响长期愿景的情况下满足短期需求 | | | | | | |
| 完全不重要 | ① | ② | ③ | ④ | ⑤ | 非常重要 |

# 附录 2　关于影响中国跨国公司整合德国标的企业的组织文化维度调查问卷的数据分析结果

（以下数据是由 SPSS 软件进行数据处理并导出）

DESCRIPTIVES VARIABLES=Nationality Gender Age Degree Workexperiences Position Companynature Business type Employeenumbers

/STATISTICS=MEAN STDDEV MIN MAX.

Descriptives

Descriptive Statistics

| | N | Minimum | Maximum | Mean | Std. Deviation |
|---|---|---|---|---|---|
| Nationality | 67 | 0 | 1.0 | 0.239 | 0.4296 |
| Gender | 67 | 0 | 1.0 | 0.373 | 0.4873 |
| Age | 67 | 0 | 2.0 | 0.985 | 0.4080 |
| Degree | 67 | 0 | 2.0 | 2.866 | 0.6251 |
| Work experience | 67 | 0 | 4.0 | 3.403 | 0.9702 |
| Position | 67 | 0 | 2.0 | 1.388 | 1.9691 |
| Company nature | 67 | 0 | 2.0 | 1.493 | 0.7662 |
| Business type | 67 | 0 | 7.0 | 4.090 | 2.5804 |
| Employee numbers | 67 | 0 | 3.0 | 1.731 | 1.1492 |
| Valid N（listwise） | 67 | | | | |

```
FREQUENCIES VARIABLES=Nationality Gender Age Degree Workexperience
Position Companynature Businessty pe Employeenumbers
  /PIECHART FREQ
  /ORDER=ANALYSIS.
```

Frequency Table

Nationality

| | | Frequency | Percent | Valid Percent | Cumulative Percent |
|---|---|---|---|---|---|
| Valid | 0 | 51 | 76.1 | 76.1 | 76.1 |
| | 1.0 | 16 | 23.9 | 23.9 | 100.0 |
| | Total | 67 | 100.0 | 100.0 | |

Gender

| | | Frequency | Percent | Valid Percent | Cumulative Percent |
|---|---|---|---|---|---|
| Valid | 0 | 42 | 62.7 | 62.7 | 62.7 |
| | 1.0 | 25 | 37.3 | 37.3 | 100.0 |
| | Total | 67 | 100.0 | 100.0 | |

Age

| | | Frequency | Percent | Valid Percent | Cumulative Percent |
|---|---|---|---|---|---|
| Valid | 0 | 6 | 9.0 | 9.0 | 9.0 |
| | 1.0 | 56 | 83.6 | 83.6 | 92.5 |
| | 2.0 | 5 | 7.5 | 7.5 | 100.0 |
| | Total | 67 | 100.0 | 100.0 | |

Degree

| | | Frequency | Percent | Valid Percent | Cumulative Percent |
|---|---|---|---|---|---|
| Valid | 0 | 18 | 26.9 | 26.9 | 26.9 |
| | 1.0 | 40 | 59.7 | 59.7 | 86.6 |
| | 2.0 | 9 | 13.4 | 13.4 | 100.0 |
| | Total | 67 | 100.0 | 100.0 | |

Work experience

| | | Frequency | Percent | Valid Percent | Cumulative Percent |
|---|---|---|---|---|---|
| Valid | 0 | 2 | 3.0 | 3.0 | 3.0 |
| | 1.0 | 2 | 3.0 | 3.0 | 6.0 |
| | 2.0 | 5 | 7.4 | 7.4 | 13.4 |
| | 3.0 | 16 | 23.9 | 23.9 | 37.3 |
| | 4.0 | 42 | 62.7 | 62.7 | 100.0 |
| | Total | 67 | 100.0 | 100.0 | |

Position

| | | Frequency | Percent | Valid Percent | Cumulative Percent |
|---|---|---|---|---|---|
| Valid | 0 | 39 | 58.2 | 58.2 | 58.2 |
| | 1.0 | 5 | 7.5 | 7.5 | 65.7 |
| | 2.0 | 23 | 34.3 | 34.3 | 100.0 |
| | Total | 67 | 100.0 | 100.0 | |

Company nature

| | | Frequency | Percent | Valid Percent | Cumulative Percent |
|---|---|---|---|---|---|
| Valid | 0 | 3 | 4.5 | 4.5 | 4.5 |
| | 1.0 | 36 | 53.7 | 53.7 | 58.2 |
| | 2.0 | 28 | 41.8 | 41.8 | 100.0 |
| | Total | 67 | 100.0 | 100.0 | |

Business type

| | | Frequency | Percent | Valid Percent | Cumulative Percent |
|---|---|---|---|---|---|
| Valid | 0 | 6 | 9.0 | 9.0 | 9.0 |
| | 1.0 | 1 | 1.5 | 1.5 | 10.4 |
| | 2.0 | 39 | 58.2 | 58.2 | 68.7 |
| | 3.0 | 5 | 7.5 | 7.5 | 76.1 |
| | 4.0 | 3 | 4.5 | 4.5 | 80.6 |
| | 5.0 | 2 | 3.0 | 3.0 | 83.6 |
| | 6.0 | 1 | 1.5 | 1.5 | 85.1 |
| | 7.0 | 10 | 14.9 | 14.9 | 100.0 |
| | Total | 67 | 100.0 | 100.0 | |

Employee numbers

| | | Frequency | Percent | Valid Percent | Cumulative Percent |
|---|---|---|---|---|---|
| Valid | 0 | 14 | 20.9 | 20.9 | 20.9 |
| | 1.0 | 13 | 19.4 | 19.4 | 40.3 |
| | 2.0 | 17 | 25.4 | 25.4 | 65.7 |
| | 3.0 | 23 | 34.4 | 34.4 | 100.0 |
| | Total | 67 | 100.0 | 100.0 | |

```
RELIABILITY
/VARIABLES=Q1 Q2 Q3 Q4 Q5 Q6 Q7 Q8 Q9 Q10 Q11 Q12 Q13 Q14 Q15 Q16
Q17 Q18 Q19 Q20 Q21 Q22 Q23 Q24 Q25 Q26
/SCALE（'ALL VARIABLES'）ALL
/MODEL=ALPHA
/STATISTICS=DESCRIPTIVE.
```

Reliability

Scale：ALL VARIABLES

Case Processing Summary

| | | N | % |
|---|---|---|---|
| Cases | Valid | 67 | 100.0 |
| | Excludeda | 0 | 0 |
| | Total | 67 | 100.0 |

a. Listwise deletion based on all variables in the procedure.

Reliability Statistics

| Cronbach's Alpha | N of Items |
|---|---|
| 0.872 | 26 |

```
FACTOR
/VARIABLES Q1 Q2 Q3 Q4 Q5 Q6 Q7 Q8 Q9 Q10 Q11 Q12 Q13 Q14 Q15 Q16
Q17 Q18 Q19 Q20 Q21 Q22 Q23 Q24 Q25 Q26
/MISSING LISTWISE
/ANALYSIS Q1 Q2 Q3 Q4 Q5 Q6 Q7 Q8 Q9 Q10 Q11 Q12 Q13 Q14 Q15 Q16
Q17 Q18 Q19 Q20 Q21 Q22 Q23 Q24 Q 25 Q26
/PRINT INITIAL KMO EXTRACTION ROTATION
/FORMAT SORT BLANK（.60）
/CRITERIA MINEIGEN（1）ITERATE（25）
/EXTRACTION PC
/CRITERIA ITERATE（25）
/ROTATION VARIMAX
/SAVE REG（ALL）
/METHOD=CORRELATION.
```

Factor Analysis

KMO and Bartlett's Test

| Kaiser-Meyer-Olkin Measure of Sampling Adequacy. | | 0.735 |
|---|---|---|
| Bartlett's Test of Sphericity | Approx. Chi-Square | 788.916 |
| | df | 325 |
| | Sig. | 0.000 |

Communalities

| Initial | | Extraction |
|---|---|---|
| Q1 | 1.000 | 0.838 |
| Q2 | 1.000 | 0.755 |
| Q3 | 1.000 | 0.681 |
| Q4 | 1.000 | 0.774 |
| Q5 | 1.000 | 0.790 |
| Q6 | 1.000 | 0.614 |
| Q7 | 1.000 | 0.540 |
| Q8 | 1.000 | 0.798 |
| Q9 | 1.000 | 0.615 |
| Q10 | 1.000 | 0.677 |
| Q11 | 1.000 | 0.834 |
| Q12 | 1.000 | 0.830 |
| Q13 | 1.000 | 0.697 |
| Q14 | 1.000 | 0.738 |
| Q15 | 1.000 | 0.789 |
| Q16 | 1.000 | 0.727 |
| Q17 | 1.000 | 0.589 |
| Q18 | 1.000 | 0.480 |
| Q19 | 1.000 | 0.693 |
| Q20 | 1.000 | 0.647 |
| Q21 | 1.000 | 0.777 |
| Q22 | 1.000 | 0.681 |
| Q23 | 1.000 | 0.663 |
| Q24 | 1.000 | 0.648 |
| Q25 | 1.000 | 0.557 |
| Q26 | 1.000 | 0.545 |

Extraction Method：Principal Component Analysis.

Total Variance Explained

| Initial Eigenvalues | | | | Extraction Sums of Squared Loadings | | | Rotation Sums of Squared Loadings | | |
|---|---|---|---|---|---|---|---|---|---|
| Component | Total | % of Variance | Cumulative % | Total | % of Variance | Cumulative % | Total | % of Variance | Cumulative % |
| 1 | 7.714 | 29.668 | 29.668 | 7.714 | 29.668 | 29.668 | 4.472 | 17.199 | 17.199 |
| 2 | 2.175 | 8.366 | 38.034 | 2.175 | 8.366 | 38.034 | 4.185 | 16.098 | 33.297 |
| 3 | 1.712 | 7.585 | 45.619 | 1.712 | 7.585 | 45.619 | 1.964 | 8.553 | 41.850 |
| 4 | 1.530 | 5.883 | 51.502 | 1.530 | 5.883 | 51.502 | 1.854 | 7.130 | 48.980 |
| 5 | 1.409 | 5.421 | 56.923 | 1.409 | 5.421 | 56.923 | 1.511 | 5.812 | 54.793 |
| 6 | 1.291 | 4.965 | 61.889 | 1.291 | 4.965 | 61.889 | 1.452 | 5.584 | 60.377 |
| 7 | 1.116 | 4.293 | 66.182 | 1.116 | 4.293 | 66.182 | 1.317 | 5.065 | 65.441 |
| 8 | 1.028 | 3.955 | 70.136 | 1.028 | 3.955 | 70.136 | 1.221 | 4.695 | 70.136 |
| 9 | 0.975 | 3.649 | 73.786 | | | | | | |
| 10 | 0.921 | 3.444 | 77.229 | | | | | | |
| 11 | 0.843 | 3.143 | 80.372 | | | | | | |
| 12 | 0.717 | 2.657 | 83.028 | | | | | | |
| 13 | 0.649 | 2.397 | 85.425 | | | | | | |
| 14 | 0.607 | 2.236 | 87.661 | | | | | | |
| 15 | 0.500 | 1.825 | 89.487 | | | | | | |
| 16 | 0.468 | 1.698 | 91.184 | | | | | | |
| 17 | 0.409 | 1.475 | 92.659 | | | | | | |
| 18 | 0.389 | 1.397 | 94.056 | | | | | | |
| 19 | 0.319 | 1.126 | 95.182 | | | | | | |
| 20 | 0.236 | 0.853 | 96.034 | | | | | | |
| 21 | 0.221 | 0.851 | 96.885 | | | | | | |
| 22 | 0.211 | 0.813 | 97.698 | | | | | | |
| 23 | 0.184 | 0.709 | 98.407 | | | | | | |
| 24 | 0.156 | 0.601 | 99.008 | | | | | | |
| 25 | 0.126 | 0.586 | 99.594 | | | | | | |
| 26 | 0.092 | 0.407 | 100.000 | | | | | | |

Extraction Method: Principal Component Analysis.

Rotated Component Matrix[a] Component

| 1 | | 2 | 3 | 4 | 5 | 6 | 7 | 8 |
|---|---|---|---|---|---|---|---|---|
| Q20 | 0.766 | | | | | | | |
| Q21 | 0.728 | | | | | | | |
| Q23 | 0.725 | | | | | | | |
| Q19 | 0.700 | | | | | | | |
| Q22 | 0.628 | | | | | | | |
| Q18 | | | | | | | | |
| Q17 | | | | | | | | |
| Q12 | | 0.866 | | | | | | |
| Q15 | | 0.768 | | | | | | |
| Q11 | | 0.758 | | | | | | |
| Q13 | | 0.741 | | | | | | |
| Q14 | | 0.725 | | | | | | |
| Q16 | | | | | | | | |
| Q9 | | | 0.724 | | | | | |
| Q8 | | | | | | | | |
| Q2 | | | | | | | | |
| Q7 | | | | | | | | |
| Q4 | | | | 0.868 | | | | |
| Q26 | | | | | | | | |
| Q25 | | | | | | | | |
| Q1 | | | | | -0.906 | | | |
| Q3 | | | | | | 0.804 | | |
| Q10 | | | | | | -0.630 | | |
| Q6 | | | | | | | | |
| Q5 | | | | | | | 0.883 | |
| Q24 | | | | | | | | -0.614 |

Extraction Method: Principal Component Analysis.

Rotation Method: Varimax with Kaiser Normalization.[a]

a. Rotation converged in 8 iterations.

```
RELIABILITY
/VARIABLES=Q1 Q3 Q4 Q5 Q9 Q10 Q11 Q12 Q13 Q14 Q15 Q19 Q20 Q21 Q22 Q23 Q24
/SCALE ('ALL VARIABLES') ALL
/MODEL=ALPHA
/STATISTICS=DESCRIPTIVE.
```

Reliability

Scale: ALL VARIABLES

Case Processing Summary

| | | N | % |
|---|---|---|---|
| Cases | Valid | 67 | 100.0 |
| | Excluded[a] | 0 | 0 |
| | Total | 67 | 100.0 |

a. Listwise deletion based on all variables in the procedure.

Reliability Statistics

| Cronbach's Alpha | N of Items |
|---|---|
| 0.800 | 17 |

```
FACTOR
/VARIABLES Q1 Q3 Q4 Q5 Q9 Q10 Q11 Q12 Q13 Q14 Q15 Q19 Q20 Q21 Q22 Q23 Q24
```

```
/MISSING LISTWISE
/ANALYSIS Q1 Q3 Q4 Q5 Q9 Q10 Q11 Q12 Q13 Q14 Q15 Q19 Q20 Q21 Q22
Q23 Q24
/PRINT INITIAL KMO EXTRACTION ROTATION
/FORMAT SORT BLANK（.60）
/CRITERIA MINEIGEN（1）ITERATE（25）
/EXTRACTION PC
/CRITERIA ITERATE（25）
/ROTATION VARIMAX
/SAVE REG（ALL）
/METHOD=CORRELATION.
```

Factor Analysis

KMO and Bartlett's Test

| Kaiser-Meyer-Olkin Measure of Sampling Adequacy. | | 0.785 |
|---|---|---|
| Bartlett's Test of Sphericity | Approx. Chi-Square | 429.868 |
| | df | 136 |
| | Sig. | 0.000 |

Communalities

| Initial | | Extraction |
|---|---|---|
| Q1 | 1.000 | 0.843 |
| Q3 | 1.000 | 0.782 |
| Q4 | 1.000 | 0.890 |

续表

| | Initial | Extraction |
|---|---|---|
| Q5 | 1.000 | 0.707 |
| Q9 | 1.000 | 0.607 |
| Q10 | 1.000 | 0.572 |
| Q11 | 1.000 | 0.788 |
| Q12 | 1.000 | 0.835 |
| Q13 | 1.000 | 0.667 |
| Q14 | 1.000 | 0.742 |
| Q15 | 1.000 | 0.759 |
| Q19 | 1.000 | 0.614 |
| Q20 | 1.000 | 0.606 |
| Q21 | 1.000 | 0.780 |
| Q22 | 1.000 | 0.642 |
| Q23 | 1.000 | 0.705 |
| Q24 | 1.000 | 0.390 |

Extraction Method：Principal Component Analysis.

Total Variance Explained

| | Initial Eigenvalues | | | Extraction Sums of Squared Loadings | | | Rotation Sums of Squared Loadings | | |
|---|---|---|---|---|---|---|---|---|---|
| Component | Total | % of Variance | Cumulative % | Total | % of Variance | Cumulative % | Total | % of Variance | Cumulative % |
| 1 | 5.566 | 32.739 | 32.739 | 5.566 | 32.739 | 32.739 | 3.625 | 21.324 | 21.324 |
| 2 | 1.583 | 9.310 | 42.049 | 1.583 | 9.310 | 42.049 | 3.378 | 19.872 | 41.196 |
| 3 | 1.414 | 8.317 | 50.366 | 1.414 | 8.317 | 50.366 | 1.355 | 7.973 | 49.169 |

续表

| Initial Eigenvalues | | | | Extraction Sums of Squared Loadings | | | Rotation Sums of Squared Loadings | | |
|---|---|---|---|---|---|---|---|---|---|
| Component | Total | % of Variance | Cumulative % | Total | % of Variance | Cumulative % | Total | % of Variance | Cumulative % |
| 4 | 1.197 | 7.043 | 57.409 | 1.197 | 7.043 | 57.409 | 1.211 | 7.121 | 56.290 |
| 5 | 1.145 | 6.737 | 64.146 | 1.145 | 6.737 | 64.146 | 1.201 | 7.062 | 63.352 |
| 6 | 1.026 | 6.033 | 70.179 | 1.026 | 6.033 | 70.179 | 1.161 | 6.827 | 70.179 |
| 7 | 0.895 | 5.265 | 75.444 | | | | | | |
| 8 | 0.790 | 4.649 | 80.092 | | | | | | |
| 9 | 0.717 | 4.217 | 84.309 | | | | | | |
| 10 | 0.530 | 3.116 | 87.425 | | | | | | |
| 11 | 0.467 | 2.747 | 90.173 | | | | | | |
| 12 | 0.422 | 2.480 | 92.652 | | | | | | |
| 13 | 0.369 | 2.171 | 94.824 | | | | | | |
| 14 | 0.257 | 1.509 | 96.333 | | | | | | |
| 15 | 0.249 | 1.465 | 97.798 | | | | | | |
| 16 | 0.228 | 1.343 | 99.141 | | | | | | |
| 17 | 0.146 | 0.859 | 100.00 | | | | | | |

Extraction Method：Principal Component Analysis.

Rotated Component Matrix[a] Component

| 1 | | 2 | 3 | 4 | 5 | 6 |
|---|---|---|---|---|---|---|
| Q12 | 0.863 | | | | | |
| Q11 | 0.768 | | | | | |

续表

| 1 | | 2 | 3 | 4 | 5 | 6 |
|---|---|---|---|---|---|---|
| Q14 | 0.765 | | | | | |
| Q15 | 0.760 | | | | | |
| Q13 | 0.756 | | | | | |
| Q21 | | 0.785 | | | | |
| Q23 | | 0.784 | | | | |
| Q22 | | 0.741 | | | | |
| Q20 | | 0.741 | | | | |
| Q19 | | 0.647 | | | | |
| Q24 | | | | | | |
| Q3 | | | −0.868 | | | |
| Q10 | | | | | | |
| Q5 | | | | 0.808 | | |
| Q9 | | | | | | |
| Q1 | | | | | 0.906 | |
| Q4 | | | | | | 0.938 |

Extraction Method：Principal Component Analysis.

Rotation Method：Varimax with Kaiser Normalization.[a]

a. Rotation converged in 7 iterations.

```
SAVE OUTFILE= '/Users/yangyanan/Desktop/Questionnairesurvey.sav '
/COMPRESSED.
RELIABILITY
/VARIABLES=Q1 Q3 Q4 Q5 Q11 Q12 Q13 Q14 Q15 Q19 Q20 Q21 Q22 Q23
/SCALE（'ALL VARIABLES '）ALL
/MODEL=ALPHA
/STATISTICS=DESCRIPTIVE.
```

Reliability

Scale: ALL VARIABLES

Case Processing Summary

| | | N | % |
|---|---|---|---|
| Cases | Valid | 67 | 100.0 |
| | Excluded[a] | 0 | 0 |
| | Total | 67 | 100.0 |

a. Listwise deletion based on all variables in the procedure.

Reliability Statistics

| Cronbach's Alpha | N of Items |
|---|---|
| 0.814 | 14 |

FACTOR

/VARIABLES Q1 Q3 Q4 Q5 Q11 Q12 Q13 Q14 Q15 Q19 Q20 Q21 Q22 Q23

/MISSING LISTWISE

/ANALYSIS Q1 Q3 Q4 Q5 Q11 Q12 Q13 Q14 Q15 Q19 Q20 Q21 Q22 Q23

/PRINT INITIAL KMO EXTRACTION ROTATION

/FORMAT SORT BLANK (.60)

/CRITERIA MINEIGEN (1) ITERATE (25)

/EXTRACTION PC

/CRITERIA ITERATE (25)

/ROTATION VARIMAX

```
/SAVE REG（ALL）
/METHOD=CORRELATION.
```

Factor Analysis

KMO and Bartlett's Test

| Kaiser-Meyer-Olkin Measure of Sampling Adequacy. | | 0.815 |
|---|---|---|
| Bartlett's Test of Sphericity | Approx. Chi-Square | 367.570 |
| | df | 91 |
| | Sig. | 0.000 |

Communalities

| Initial | | Extraction |
|---|---|---|
| Q1 | 1.000 | 0.815 |
| Q3 | 1.000 | 0.701 |
| Q4 | 1.000 | 0.839 |
| Q5 | 1.000 | 0.716 |
| Q11 | 1.000 | 0.748 |
| Q12 | 1.000 | 0.834 |
| Q13 | 1.000 | 0.661 |
| Q14 | 1.000 | 0.750 |
| Q15 | 1.000 | 0.767 |
| Q19 | 1.000 | 0.609 |
| Q20 | 1.000 | 0.601 |
| Q21 | 1.000 | 0.770 |

续表

| Initial | | Extraction |
|---|---|---|
| Q22 | 1.000 | 0.626 |
| Q23 | 1.000 | 0.679 |

Extraction Method: Principal Component Analysis.

## Total Variance Explained

| Initial Eigenvalues | | | | Extraction Sums of Squared Loadings | | | Rotation Sums of Squared Loadings | | |
|---|---|---|---|---|---|---|---|---|---|
| Component | Total | % of Variance | Cumulative % | Total | % of Variance | Cumulative % | Total | % of Variance | Cumulative % |
| 1 | 5.104 | 36.457 | 36.457 | 5.104 | 36.457 | 36.457 | 3.453 | 24.665 | 24.665 |
| 2 | 1.498 | 10.698 | 47.155 | 1.498 | 10.698 | 47.155 | 3.105 | 22.177 | 46.842 |
| 3 | 1.283 | 9.164 | 56.319 | 1.283 | 9.164 | 56.319 | 1.237 | 8.838 | 55.679 |
| 4 | 1.174 | 8.384 | 64.703 | 1.174 | 8.384 | 64.703 | 1.212 | 8.655 | 64.334 |
| 5 | 1.058 | 7.554 | 72.257 | 1.058 | 7.554 | 72.257 | 1.109 | 7.923 | 72.257 |
| 6 | 0.886 | 6.329 | 78.586 | | | | | | |
| 7 | 0.581 | 4.148 | 82.734 | | | | | | |
| 8 | 0.542 | 3.874 | 86.608 | | | | | | |
| 9 | 0.476 | 3.398 | 90.006 | | | | | | |
| 10 | 0.411 | 2.935 | 92.940 | | | | | | |
| 11 | 0.298 | 2.129 | 95.070 | | | | | | |
| 12 | 0.268 | 1.915 | 96.985 | | | | | | |
| 13 | 0.246 | 1.759 | 98.744 | | | | | | |
| 14 | 0.176 | 1.256 | 100.00 | | | | | | |

Extraction Method: Principal Component Analysis.

Rotated Component Matrix[a] Component

| 1 | | 2 | 3 | 4 | 5 |
|---|---|---|---|---|---|
| Q12 | 0.870 | | | | |
| Q14 | 0.782 | | | | |
| Q15 | 0.774 | | | | |
| Q13 | 0.772 | | | | |
| Q11 | 0.747 | | | | |
| Q21 | | 0.798 | | | |
| Q23 | | 0.784 | | | |
| Q22 | | 0.746 | | | |
| Q20 | | 0.743 | | | |
| Q19 | | 0.634 | | | |
| Q3 | | | −0.733 | | |
| Q5 | | | 0.733 | | |
| Q1 | | | | 0.883 | |
| Q4 | | | | | 0.895 |

Extraction Method：Principal Component Analysis.

Rotation Method：Varimax with Kaiser Normalization.[a]

a. Rotation converged in 11 iterations.

```
GET
FILE= '/Users/yangyanan/Desktop/Likert*5/DataInput.sav '.
DATASET NAME DataSet2 WINDOW=FRONT.
NONPAR CORR
/VARIABLES=Integration level Factor 1 Factor 2 Factor 3 Factor 4 Factor 5
/PRINT=SPEARMAN TWOTAIL NOSIG
/MISSING=PAIRWISE.
```

Nonparametric  Correlations

Correlations

| Integrati-on level | | | | Factor 1 | Factor 2 | Factor 3 | Factor 4 | Factor 5 |
|---|---|---|---|---|---|---|---|---|
| Spearman's rho | Integr-ation level | Correlation Coefficient | 1.000 | -0.268* | -0.161 | 0.054 | -0.046 | 0.032 |
| | | Sig. (2-tailed) | . | 0.028 | 0.193 | 0.662 | 0.712 | 0.796 |
| | | N | 67 | 67 | 67 | 67 | 67 | 67 |
| | Factor 1 | Correlation Coefficient | -0.268* | 1.000 | 0.584** | 0.063 | -0.083 | 0.103 |
| | | Sig. (2-tailed) | 0.028 | . | 0.000 | 0.615 | 0.504 | 0.406 |
| | | N | 67 | 67 | 67 | 67 | 67 | 67 |
| | Factor 2 | Correlation Coefficient | -0.161 | 0.584** | 1.000 | 0.027 | -0.027 | 0.032 |
| | | Sig. (2-tailed) | 0.193 | 0.000 | . | 0.831 | 0.828 | 0.798 |
| | | N | 67 | 67 | 67 | 67 | 67 | 67 |
| | Factor 3 | Correlation Coefficient | 0.054 | 0.063 | 0.027 | 1.000 | 0.076 | 0.022 |
| | | Sig. (2-tailed) | 0.662 | 0.615 | 0.831 | . | 0.541 | 0.860 |
| | | N | 67 | 67 | 67 | 67 | 67 | 67 |
| | Factor 4 | Correlation Coefficient | -0.046 | -0.083 | -0.027 | 0.076 | 1.000 | -0.144 |
| | | Sig. (2-tailed) | 0.712 | 0.504 | 0.828 | 0.541 | . | 0.246 |
| | | N | 67 | 67 | 67 | 67 | 67 | 67 |

续表

| Integrati-on level | | | | Factor 1 | Factor 2 | Factor 3 | Factor 4 | Factor 5 |
|---|---|---|---|---|---|---|---|---|
| Spearman's rho | Factor 5 | Correlation Coefficient | 0.032 | 0.103 | 0.032 | 0.022 | −0.144 | 1.000 |
| | | Sig.（2-tailed） | 0.796 | 0.406 | 0.798 | 0.860 | 0.246 | . |
| | | N | 67 | 67 | 67 | 67 | 67 | 67 |

*. Correlation is significant at the 0.05 level（2-tailed）.

**. Correlation is significant at the 0.01 level（2-tailed）.

One-way ANOVA

ONEWAY FAC5_4 BY Gender

ANOVA

REGR factor score 5 for analysis 4

| | Sum of Squares | df | Mean Square | F | Sig. |
|---|---|---|---|---|---|
| Between Groups | 7.135 | 1 | 7.135 | 7.879 | 0.007 |
| Within Groups | 58.865 | 65 | 0.906 | | |
| Total | 66.000 | 66 | | | |

ONEWAY FAC5_4 BY Age

ANOVA

REGR factor score 5 for analysis 4

| | Sum of Squares | df | Mean Square | F | Sig. |
|---|---|---|---|---|---|
| Between Groups | 1.544 | 2 | 0.772 | 0.767 | 0.469 |
| Within Groups | 64.456 | 64 | 1.007 | | |
| Total | 66.000 | 66 | | | |

ONEWAY FAC5_4 BY Degree

ANOVA

REGR factor score 5 for analysis 4

| | Sum of Squares | df | Mean Square | F | Sig. |
|---|---|---|---|---|---|
| Between Groups | 2.584 | 2 | 1.292 | 1.304 | 0.279 |
| Within Groups | 63.416 | 64 | 0.991 | | |
| Total | 66.000 | 66 | | | |

ONEWAY FAC5_4 BY Workexperience

ANOVA

REGR factor score 5 for analysis 4

| | Sum of Squares | df | Mean Square | F | Sig. |
|---|---|---|---|---|---|
| Between Groups | 2.919 | 4 | 0.730 | 0.717 | 0.583 |
| Within Groups | 63.081 | 62 | 1.017 | | |
| Total | 66.000 | 66 | | | |

ONEWAY FAC5_4 BY Position

ANOVA

REGR factor score 5 for analysis 4

| | Sum of Squares | df | Mean Square | F | Sig. |
|---|---|---|---|---|---|
| Between Groups | 6.438 | 4 | 1.609 | 1.675 | 0.167 |
| Within Groups | 59.562 | 62 | 0.961 | | |
| Total | 66.000 | 66 | | | |

ONEWAY FAC5_4 BY Companynature

ANOVA

REGR factor score 5 for analysis 4

| | Sum of Squares | df | Mean Square | F | Sig. |
|---|---|---|---|---|---|
| Between Groups | 1.970 | 3 | 0.657 | 0.646 | 0.588 |
| Within Groups | 64.030 | 63 | 1.016 | | |
| Total | 66.000 | 66 | | | |

ONEWAY FAC5_4 BY Businesstype

ANOVA

REGR factor score 5 for analysis 4

| | Sum of Squares | df | Mean Square | F | Sig. |
|---|---|---|---|---|---|
| Between Groups | 9.106 | 7 | 1.301 | 1.349 | 0.244 |
| Within Groups | 56.894 | 59 | 0.964 | | |
| Total | 66.000 | 66 | | | |

ONEWAY FAC5_4 BY Employeenumbers

ANOVA

REGR factor score 5 for analysis 4

| | Sum of Squares | df | Mean Square | F | Sig. |
|---|---|---|---|---|---|
| Between Groups | 4.545 | 3 | 1.515 | 1.553 | 0.210 |
| Within Groups | 61.455 | 63 | 0.975 | | |
| Total | 66.000 | 66 | | | |

ONEWAY FAC4_4 BY Gender

ANOVA

REGR factor score 4 for analysis 4

| | Sum of Squares | df | Mean Square | F | Sig. |
|---|---|---|---|---|---|
| Between Groups | 0.003 | 1 | 0.003 | 0.003 | 0.955 |
| Within Groups | 65.997 | 65 | 1.015 | | |
| Total | 66.000 | 66 | | | |

ONEWAY FAC4_4 BY Age

ANOVA

REGR factor score 4 for analysis 4

| | Sum of Squares | df | Mean Square | F | Sig. |
|---|---|---|---|---|---|
| Between Groups | 2.488 | 2 | 1.244 | 1.254 | 0.292 |
| Within Groups | 63.512 | 64 | 0.992 | | |
| Total | 66.000 | 66 | | | |

ONEWAY FAC4_4 BY Degree

ANOVA

REGR factor score 4 for analysis 4

| | Sum of Squares | df | Mean Square | F | Sig. |
|---|---|---|---|---|---|
| Between Groups | 2.345 | 2 | 1.173 | 1.179 | 0.314 |
| Within Groups | 63.655 | 64 | 0.995 | | |
| Total | 66.000 | 66 | | | |

ONEWAY FAC4_4 BY Workexperience

ANOVA

REGR factor score 4 for analysis 4

| | Sum of Squares | df | Mean Square | F | Sig. |
|---|---|---|---|---|---|
| Between Groups | 11.057 | 4 | 2.764 | 3.119 | 0.021 |
| Within Groups | 54.943 | 62 | 0.886 | | |
| Total | 66.000 | 66 | | | |

ONEWAY FAC4_4 BY Position

ANOVA

REGR factor score 4 for analysis 4

| | Sum of Squares | df | Mean Square | F | Sig. |
|---|---|---|---|---|---|
| Between Groups | 11.636 | 4 | 2.909 | 3.318 | 0.016 |
| Within Groups | 54.364 | 62 | 0.877 | | |
| Total | 66.000 | 66 | | | |

ONEWAY FAC4_4 BY Companynature

ANOVA

REGR factor score 4 for analysis 4

| | Sum of Squares | df | Mean Square | F | Sig. |
|---|---|---|---|---|---|
| Between Groups | 1.959 | 3 | 0.653 | 0.642 | 0.591 |
| Within Groups | 64.041 | 63 | 1.017 | | |
| Total | 66.000 | 66 | | | |

ONEWAY FAC4_4 BY Businesstype

ANOVA

REGR factor score 4 for analysis 4

| | Sum of Squares | df | Mean Square | F | Sig. |
|---|---|---|---|---|---|
| Between Groups | 6.504 | 7 | 0.929 | 0.921 | 0.497 |
| Within Groups | 59.496 | 59 | 1.008 | | |
| Total | 66.000 | 66 | | | |

ONEWAY FAC4_4 BY Employeenumbers

ANOVA

REGR factor score 4 for analysis 4

| | Sum of Squares | df | Mean Square | F | Sig. |
|---|---|---|---|---|---|
| Between Groups | 1.903 | 3 | 0.634 | 0.624 | 0.602 |
| Within Groups | 64.097 | 63 | 1.017 | | |
| Total | 66.000 | 66 | | | |

ONEWAY FAC3_4 BY Gender

ANOVA

REGR factor score 3 for analysis 4

| | Sum of Squares | df | Mean Square | F | Sig. |
|---|---|---|---|---|---|
| Between Groups | 0.219 | 1 | 0.219 | 0.216 | 0.644 |
| Within Groups | 65.781 | 65 | 1.012 | | |
| Total | 66.000 | 66 | | | |

ONEWAY FAC3_4 BY Age

ANOVA

REGR factor score 3 for analysis 4

| | Sum of Squares | df | Mean Square | F | Sig. |
|---|---|---|---|---|---|
| Between Groups | 0.057 | 2 | 0.028 | 0.028 | 0.973 |
| Within Groups | 65.943 | 64 | 1.030 | | |
| Total | 66.000 | 66 | | | |

ONEWAY FAC3_4 BY Degree

ANOVA

REGR factor score 3 for analysis 4

| | Sum of Squares | df | Mean Square | F | Sig. |
|---|---|---|---|---|---|
| Between Groups | 13.478 | 2 | 6.739 | 8.211 | 0.001 |
| Within Groups | 52.522 | 64 | 0.821 | | |
| Total | 66.000 | 66 | | | |

ONEWAY FAC3_4 BY Workexperience

ANOVA

REGR factor score 3 for analysis 4

| | Sum of Squares | df | Mean Square | F | Sig. |
|---|---|---|---|---|---|
| Between Groups | 1.796 | 4 | 0.449 | 0.434 | 0.784 |
| Within Groups | 64.204 | 62 | 1.036 | | |
| Total | 66.000 | 66 | | | |

ONEWAY FAC3_4 BY Position

ANOVA

REGR factor score 3 for analysis 4

| | Sum of Squares | df | Mean Square | F | Sig. |
|---|---|---|---|---|---|
| Between Groups | 1.489 | 4 | 0.372 | 0.358 | 0.838 |
| Within Groups | 64.511 | 62 | 1.041 | | |
| Total | 66.000 | 66 | | | |

ONEWAY FAC3_4 BY Companynature

ANOVA

REGR factor score 3 for analysis 4

| | Sum of Squares | df | Mean Square | F | Sig. |
|---|---|---|---|---|---|
| Between Groups | 2.901 | 3 | 0.967 | 0.965 | 0.415 |
| Within Groups | 63.099 | 63 | 1.002 | | |
| Total | 66.000 | 66 | | | |

ONEWAY FAC3_4 BY Businesstype

ANOVA

REGR factor score 3 for analysis 4

| | Sum of Squares | df | Mean Square | F | Sig. |
|---|---|---|---|---|---|
| Between Groups | 7.878 | 7 | 1.125 | 1.142 | 0.350 |
| Within Groups | 58.122 | 59 | 0.985 | | |
| Total | 66.000 | 66 | | | |

ONEWAY FAC3_4 BY Employeenumbers

ANOVA

REGR factor score 3 for analysis 4

| | Sum of Squares | df | Mean Square | F | Sig. |
|---|---|---|---|---|---|
| Between Groups | 8.426 | 3 | 2.809 | 3.073 | 0.034 |
| Within Groups | 57.574 | 63 | 0.914 | | |
| Total | 66.000 | 66 | | | |

ONEWAY FAC2_4 BY Gender

ANOVA

REGR factor score 2 for analysis 4

| | Sum of Squares | df | Mean Square | F | Sig. |
|---|---|---|---|---|---|
| Between Groups | 0.077 | 1 | 0.077 | 0.076 | 0.784 |
| Within Groups | 65.923 | 65 | 1.014 | | |
| Total | 66.000 | 66 | | | |

ONEWAY FAC2_4 BY Age

ANOVA

REGR factor score 2 for analysis 4

| | Sum of Squares | df | Mean Square | F | Sig. |
|---|---|---|---|---|---|
| Between Groups | 5.330 | 2 | 2.665 | 2.811 | 0.068 |
| Within Groups | 60.670 | 64 | 0.948 | | |
| Total | 66.000 | 66 | | | |

ONEWAY FAC2_4 BY Degree

ANOVA

REGR factor score 2 for analysis 4

| | Sum of Squares | df | Mean Square | F | Sig. |
|---|---|---|---|---|---|
| Between Groups | 1.125 | 2 | 0.563 | 0.555 | 0.577 |
| Within Groups | 64.875 | 64 | 1.014 | | |
| Total | 66.000 | 66 | | | |

ONEWAY FAC2_4 BY Workexperience

ANOVA

REGR factor score 2 for analysis 4

| | Sum of Squares | df | Mean Square | F | Sig. |
|---|---|---|---|---|---|
| Between Groups | 2.046 | 4 | 0.511 | 0.496 | 0.739 |
| Within Groups | 63.954 | 62 | 1.032 | | |
| Total | 66.000 | 66 | | | |

ONEWAY FAC2_4 BY Position

ANOVA

REGR factor score 2 for analysis 4

| | Sum of Squares | df | Mean Square | F | Sig. |
|---|---|---|---|---|---|
| Between Groups | 2.075 | 4 | 0.519 | 0.503 | 0.734 |
| Within Groups | 63.925 | 62 | 1.031 | | |
| Total | 66.000 | 66 | | | |

ONEWAY FAC2_4 BY Companynature

ANOVA

REGR factor score 2 for analysis 4

| | Sum of Squares | df | Mean Square | F | Sig. |
|---|---|---|---|---|---|
| Between Groups | 7.401 | 3 | 2.467 | 2.652 | 0.056 |
| Within Groups | 58.599 | 63 | 0.930 | | |
| Total | 66.000 | 66 | | | |

ONEWAY FAC2_4 BY Businesstype

ANOVA

REGR factor score 2 for analysis 4

| | Sum of Squares | df | Mean Square | F | Sig. |
|---|---|---|---|---|---|
| Between Groups | 6.325 | 7 | 0.904 | 0.893 | 0.518 |
| Within Groups | 59.675 | 59 | 1.011 | | |
| Total | 66.000 | 66 | | | |

ONEWAY FAC2_4 BY Employeenumbers

ANOVA

REGR factor score 2 for analysis 4

| | Sum of Squares | df | Mean Square | F | Sig. |
|---|---|---|---|---|---|
| Between Groups | 2.494 | 3 | 0.831 | 0.825 | 0.485 |
| Within Groups | 63.506 | 63 | 1.008 | | |
| Total | 66.000 | 66 | | | |

ONEWAY FAC1_4 BY Gender

ANOVA

REGR factor score 1 for analysis 4

| | Sum of Squares | df | Mean Square | F | Sig. |
|---|---|---|---|---|---|
| Between Groups | 0.234 | 1 | 0.234 | 0.231 | 0.632 |
| Within Groups | 65.766 | 65 | 1.012 | | |
| Total | 66.000 | 66 | | | |

ONEWAY FAC1_4 BY Age

ANOVA

REGR factor score 1 for analysis 4

| | Sum of Squares | df | Mean Square | F | Sig. |
|---|---|---|---|---|---|
| Between Groups | 6.710 | 2 | 3.355 | 3.621 | 0.032 |
| Within Groups | 59.290 | 64 | 0.926 | | |
| Total | 66.000 | 66 | | | |

ONEWAY FAC1_4 BY Degree

ANOVA

REGR factor score 1 for analysis 4

| | Sum of Squares | df | Mean Square | F | Sig. |
|---|---|---|---|---|---|
| Between Groups | 0.479 | 2 | 0.240 | 0.234 | 0.792 |
| Within Groups | 65.521 | 64 | 1.024 | | |
| Total | 66.000 | 66 | | | |

ONEWAY FAC1_4 BY Workexperience

ANOVA

REGR factor score 1 for analysis 4

| | Sum of Squares | df | Mean Square | F | Sig. |
|---|---|---|---|---|---|
| Between Groups | 1.600 | 4 | 0.400 | 0.385 | 0.818 |
| Within Groups | 64.400 | 62 | 1.039 | | |
| Total | 66.000 | 66 | | | |

ONEWAY FAC1_4 BY Position

ANOVA

REGR factor score 1 for analysis 4

| | Sum of Squares | df | Mean Square | F | Sig. |
|---|---|---|---|---|---|
| Between Groups | 4.507 | 4 | 1.127 | 1.136 | 0.348 |
| Within Groups | 61.493 | 62 | 0.992 | | |
| Total | 66.000 | 66 | | | |

ONEWAY FAC1_4 BY Companynature

ANOVA

REGR factor score 1 for analysis 4

| | Sum of Squares | df | Mean Square | F | Sig. |
|---|---|---|---|---|---|
| Between Groups | 2.672 | 3 | 0.891 | 0.886 | 0.453 |
| Within Groups | 63.328 | 63 | 1.005 | | |
| Total | 66.000 | 66 | | | |

ONEWAY FAC1_4 BY Businesstype

ANOVA

REGR factor score 1 for analysis 4

| | Sum of Squares | df | Mean Square | F | Sig. |
|---|---|---|---|---|---|
| Between Groups | 8.194 | 7 | 1.171 | 1.195 | 0.320 |
| Within Groups | 57.806 | 59 | 0.980 | | |
| Total | 66.000 | 66 | | | |

ONEWAY FAC1_4 BY Employeenumbers

ANOVA

REGR factor score 1 for analysis 4

| | Sum of Squares | df | Mean Square | F | Sig. |
|---|---|---|---|---|---|
| Between Groups | 0.152 | 3 | 0.051 | 0.049 | 0.986 |
| Within Groups | 65.848 | 63 | 1.045 | | |
| Total | 66.000 | 66 | | | |

# 附录 3　关于中国跨国公司整合德国标的的模式的动态演化及影响因素访谈大纲

尊敬的受访者：

本次访谈旨在识别中国收购方并购后德国标的企业之后，对标的企业所实施的整合模式的时间变化和影响因素。我们真诚地请您根据个人经验和感受分享您的宝贵意见。此次访谈是自愿的，需要 40～60 分钟。您的回答将完全保密并匿名发布。

## 一、并购交易结束后的整合初期

### （一）结构整合

1. 收购前，德国标的企业的组织架构和管理风格如何（如部门分配、决策过程、领导风格、经营理念等）？

2. 中方收购方对德国标的企业的组织架构做了哪些调整或干预？例如：

（1）德国高层管理人员的自主权如何？德国高层管理团队是否有任何人事变动？

（2）德国标的企业向您的中国母公司报告的流程如何？

（3）您的中国股东与德国标的企业的沟通情况如何：您的中国股东是否经常来访德国标的企业？您的中国股东与德国标的企业之间有多少直接沟通？

（4）中国人对德国标的企业的渗透情况如何：有多少中国管理人员和员工被派往德国标的企业？他们担任过哪些职务？中国管理者的决策权有多大？这些中国管理者的领导风格是怎样的？他们与德国管理人员和普通员工的合作与交流如何？（例如，他们如何处理分歧？）工作氛围如何？

3. 德国人对这些调整或干预的态度如何？（抵制还是支持？）中国收购者如何应对德国人的反应？

4. 您认为中国收购方为何采用这些整合策略？

### （二）活动协调

1. 你们的中国收购方是如何整合德国标的企业的生产经营的（如技术协调、生产模式、市场细分、客户定位等）？

2. 双方各占了多少生产资源？

3. 德国人对中国收购方的这些干预有何看法？ 您的中国收购方如何应对德国人的反应？

4. 您认为您的中国收购方为何采用这些整合策略？

## 二、整合模式随着时间的推移的调整、变化

1. 上述整合策略大概持续了多久？ 后来有没有整合战略的变化？ 如果有变化，变化是什么时候发生的？ 发生了哪些变化？ 请从组织结构和生产经营两个角度说明变化情况。

2. 德国员工对贵公司中国收购方战略变化的态度如何？ 您的中国收购方如何应对德国人的反应？

3. 您认为您的中国收购方后来为何改变或不改变其整合策略？

注：这些问题在访谈中根据受访者的不同身份和知识边界灵活调整（修改 / 增加 / 删除 / 进一步发展）；同时，保留了基本的访谈结构，以保证数据的可比性。

# 附录 4　案例研究数据编码及示例

MAXQDA 12 案例访谈材料编码

中国跨国企业对德国标的企业整合模式的动态演化以及影响因素

| 三阶维度 | 二阶主题 | 一阶构造 | 示例 |
|---|---|---|---|
| 几乎没有整合（收购后的第一年） | | | |
| | 保存模式（案例 A） | | |
| | | 保存标的企业所有资源 | “收购方承诺 2020 年前不裁员”【二手资料】<br>“[ 收购方 ]承诺将其[ 标的 ]至少维持到 2020 年。品牌保持不变，与供应商的关系没有改变。”【二手资料】<br>“他们自己的内部财务部门还是以前的德国人”【副总经理】 |
| | | 授予标的企业高度的自主权 | “我们从收购开始就把它定位为独立管理的公司，所以精英团队还是它自己原来的精英团队。”【首席联络官】<br>“当然，它的决策应该受到中方母公司董事会要求的影响。”【首席联络官】<br>“到目前为止，我们仍然尊重他们作为一家德国公司，按照德国的方式和他们对运营市场的理解做出决策。”【首席联络官】 |

续表

| 三阶维度 | 二阶主题 | 一阶构造 | 示例 |
| --- | --- | --- | --- |
| | | 不干涉运营仅提供建议 | “我们统一管理我们所有欧洲子公司的财务账户……必须将它的经营情况汇总报告给我们，然后我们将报告给我们的中国母公司。”【副总经理】<br>“对接和协助工作，包括产品和营销支持，我们基本上是辅助他们，以他们为主导。我们不会过多干涉他们。我们只是通过每月或定期的财务分析反馈给中国。”【副总经理】<br>“基本上，中国高管不会管理，他们只是想了解我们，给我们经营空间。”【创始人】 |
| | | 很少的沟通和活动协调 | “国内董事长不常来德国，基本不来，一年来一两次。”【副总经理】<br>“只是定期的管理会议，主要是通过 Skype 进行的。但是他们只是通知自己，并没有产生任何影响。”【创始人】<br>“只有他［首席联络官］在这里协调。但他不活跃”【创始人】 |
| | | 标的拒绝与中方合作 | “中国工程师被派到德国，但德方有权决定可以接纳多少，因为太多的中国学徒会打断自己的工作。”【二手资料】<br>“德方拒绝将研发团队分拆给中国母公司，仅在收购后的第一年向中国贡献微薄的利润。”【二手资料】<br>“他们有很强的自尊，无论赚钱与否，他们都坚持自己的经营方式。”【并购总监】 |

续表

| 三阶维度 | 二阶主题 | 一阶构造 | 示例 |
| --- | --- | --- | --- |
| | 合作模式（案例BDE） | | |
| | 合作模式（案例B） | | |
| | | 保存标的企业所有资源原样 | “收购方允许德国标的延续其财务审计制度，聘请专业的财务机构在每个会计年度对目标公司进行全面审计，评估其年度财务状况。”【二手资料】<br>“财务报告制度没有太大变化。我们基本上使用他们原来的财务制度。”【总监－采购与供应链部门】<br>“一开始就不用太担心改革。”【总监－采购与供应链部门】 |
| | | 赋予标的企业高度的自主权 | “第一年还是主要跟中国的业务交流”【总监－采购与供应链部门】<br>“员工的升职加薪是他们德国人决定的。总部不干预，最多只是审核。但到了执行层面，就以总部的意见为准。”【全球并购总监】 |

续表

| 三阶维度 | 二阶主题 | 一阶构造 | 示例 |
| --- | --- | --- | --- |
| | | 不干涉标的运营仅仅提建议 | “他们的董事定期作报告。我们不关心他们的小事，例如，他们的项目如何，他们的研发方向。我们关心的是他们的财务指标，例如，他们今年可以得到多少销售额，他们能赚多少利润，或者他们能得到多少新订单。这些都是我们想要的。”【总监－采购与供应链部门】<br>“我不需要监控它的日常，我只需要设定我的目标”【总监－采购与供应链部门】<br>“我们只负责沟通，我们可以和母公司沟通他们的诉求。我们不研究他们的项目是如何完成的，他们的工厂是如何建造的，这些都是原德国管理层的职责。”【全球并购总监】 |
| | | 频繁的沟通与活动协调 | “子公司的总经理每年至少要到每家工厂两次，安排一些任务或者提出一些日常运作的目标。每两个月，他们必须去总部参加全球经理会议，有很多子公司和总部问题需要协调。”【总监－HR】<br>“他［中方股东］在整合之初发挥了很大的作用，因为他对业务的了解很深。他每次都积极参与监事会，也与德国管理层密切沟通。他的参与实际上起到了很大的作用。在整合中发挥作用。他是德国监事会主席。”【并购总监】<br>“监事会每季度召开一次，每季度与高层管理人员开会两次。”【总监－采购与供应链部门】 |

续表

| 三阶维度 | 二阶主题 | 一阶构造 | 示例 |
| --- | --- | --- | --- |
| | | 双方人员轮换 | “我们之前做过一些员工轮岗项目，至少有部门经理级别的员工参与过。”【总监－采购与供应链部门】<br>“不仅对双方的管理，对于中层和普通员工，我们也有定期的沟通机制。比如他们定期派一些德国专家和员工到中国母公司，总之——长期或长期逗留，两周或半年，甚至是一年或更长的长期逗留，以指导母公司的员工。同时，母公司的中国员工将定期或不定期分批送往德国进行培训。这些过程将增进对双方文化和实际运营情况的相互了解。”【并购总监】<br>“一方面，对于赴中国轮岗的员工和来德轮岗的中国员工，他们德国人通常会介绍双方的情况。另一方面，那些已经轮换的员工还互相交流双方的情况，有的人可能只轮换过一次，有的人一直轮换。另外，也有一些人主观上希望多参与这样的轮换交流。”【并购总监】 |

续表

| 三阶维度 | 二阶主题 | 一阶构造 | 示例 |
|---|---|---|---|
| | 合作模式（案例 D） | | |
| | | 保存标的所有资源原样 | “原德国员工（1400 多人）全部保留，产品继续使用原德国商标。”【二手资料】<br>“收购后我们没有调整他们的管理团队。”【顾问委员会总监】<br>“我们留住了他们的高管、中层管理人员，以及所有员工。”【顾问委员会总监】<br>“我们的财务部正在为总部作非常特别的报告。非常详细。”【首席联络官】 |
| | | 授予标的高度的自主权 | “所有日常业务都是由他们原来的管理层和普通员工完成的，我们没有干预他们的日常工作。”【总监 – 标的公司技术部门】<br>“我们中国人不参与他们的具体操作，比如怎么走客户，怎么抢订单，我们不会干预。但是，我们会给他们定目标，比如今年要赚多少。“【总监 – 标的公司技术部门】 |
| | | 不干涉标的运营仅仅提供建议 | “我被任命为顾问委员会主席。”【顾问委员会总监】<br>“这是我们正在做的工作，以控制企业的整体管理，如战略、投资和财务管理。”【顾问委员会总监】 |

续表

| 三阶维度 | 二阶主题 | 一阶构造 | 示例 |
|---|---|---|---|
| | | 频繁的沟通 | “我们和这里的员工充分沟通，包括管理层、核心员工、工会，告诉他们我们为什么要收购他们。因为我们是战略性的，我们不是金融投资者，我们考虑的是长期的而不是短期投资。”【顾问委员会总监】<br>“我们在这里投资，为他们建了一个新工厂。我们在 2013 年下半年投资了 5800 万欧元开始建设这个新工厂，让德国员工觉得我们确实是一个长期投资者，而不是短期投资者。第一学期，他们不仅听你说什么，还关心你的实际行动。”【总监 – 标的公司技术部门】 |
| | | 频繁的活动协调 | “我在这里也是技术和销售的桥梁角色。我们还有其他人，采购部、生产部、技术部等各种各样的人。未来，我们的股东会还要带其他部门的人，比如质量部的人，让他们学习新东西，也让德国员工向他们学习。”【总监 – 标的公司技术部门】<br>“我们最近做了一个项目，开发挖掘机的液压系统，这个项目涉及的部门很多，包括铸造、加工、生产、采购和质量。我们现在每周在中国开会，每个月都会就这个项目举行中德会议。现在进展非常顺利。我们一直在发起这种整合。”【总监 – 标的公司技术部门】 |

续表

| 三阶维度 | 二阶主题 | 一阶构造 | 示例 |
|---|---|---|---|
| | | 双方人员轮换 | “在公司具体业务层面，我们派负责市场、产品、研发的同事到德国学习培训，同时参与公司具体业务。在德国培训一到两年后，这些员工回国后在中国的一家合资企业工作。”【二手资料】<br>“截至目前，已有 40 名中国员工被派往这里工作。”【总监－标的公司技术部门】 |
| | 合作模式（案例 E） | | |
| | | 保存标的企业所有资源原样；赋予标的高度的自主权 | “在全球最重要的汉诺威消防展览会上，他们展位和所有消防机构都严格执行德国传统视觉形象（VI）标准。除了公司网站、信笺和名片外，没有 A 产品铭牌上的‘中国母公司成员’品牌背书。这是为了在现阶段保持其‘德国制造’的纯正基因。这样的选择会让其传统客户保持对德国品牌的忠诚和信任，有利于中国品牌目前在世界消防行业缺乏知名度，可以暂时扮演支持者的角色。”【二手资料】<br>“收购后两家公司的整合非常重要，我们将确保管理团队的稳定性。”【首席执行官】 |
| | | 不干涉标的运营仅仅提供建议 | “刚开始他［CEO］到这里的时候，还比较低调，过渡的态度还算平稳。他更多的是观察和理解。被动提出建议这持续了大约一两年。”【员工－技术部】 |

续表

| 三阶维度 | 二阶主题 | 一阶构造 | 示例 |
| --- | --- | --- | --- |
| | | 频繁的沟通 | “普通员工对公司的经营决策也有很大的影响。他［CEO］上任以来，与职工委员会和工会保持着密切的关系，思想开放，认真听取普通员工的建议。”【二手资料】<br>“我们中国母国集团的副总裁一年来大概两三次。”【员工－技术部】<br>“他［CEO］更愿意倾听别人的意见，也愿意与最底层的员工沟通和了解底层员工的状态，而不仅仅是通过中层领导报道。他更喜欢听底层员工的想法。”【员工－技术部】 |
| | | 频繁的活动协调 | “我是技术部的工程师，只要我想要这家公司的所有技术文件，我都可以看，我可以看所有的技术文件，这个在集团内部是公开的，甚至对于我们集团的其他子公司，总是好的，比如沟通或者你想要一些技术文件。我可以随时来问我需要什么。没有障碍。我认为它们基本上是相互透明的。”【员工－技术部】 |
| | | 双方人员轮换 | “现在有五个中国人在这里工作，包括 CEO 和他的助理、财务经理、采购部的一名员工和我。其他人都是德国人。此外，下周还有一名中国实习生。现在发布的招聘是招聘一名中国销售助理。我们正计划逐步招聘中国员工。”【员工－技术部】 |

续表

| 三阶维度 | 二阶主题 | 一阶构造 | 示例 |
| --- | --- | --- | --- |
| | 保存模式（案例 CF） | | |
| | 保存模式（案例 C） | | |
| | | 保持标的所有资源原样；<br>授予目标高度的自主权 | “当然一开始没有调整。”【首席执行官】<br>“原来的德国经理都留在这里工作。他们的 CEO，所有部门的经理。制作 3D 模型的设计主管管理模型的定型，模型接受订单并发布订单。造型车间主任可以直接向外厂下单和签收，也可以和我们的销售主管直接联系。这三个人都是原德国老员工，决策权比较大。”【HR 助理】 |
| | | 快速合并双方品牌 | 他们在交易后改变了我们的品牌。他们把他们的品牌放在我们的品牌之前。”【HR 助理】 |
| | | 几乎没有交流和活动协调 | “同事之间的沟通很好，但管理层什么都瞒着，几乎什么都来不及了才宣布。”【二手资料】<br>“员工不参与决策”【二手资料】 |
| | | 收购方对标的冷漠 | “改进的建议是无用的，因为它们被忽略了，没有得到执行。”【二手资料】<br>“跟她反馈我们的意见是没用的，我们女老板给我们的感觉就是她经常来去匆匆，你跟她说什么她都不会记下来。她的微信信息一直满，她的电话整天都在响，让我们觉得她的中国总部有很多问题，她会马上忘记我们跟她说的话。”【首席执行官】 |

续表

| 三阶维度 | 二阶主题 | 一阶构造 | 示例 |
| --- | --- | --- | --- |
| | 保存模式（案例 F） | | |
| | | 保持标的所有资源原样 | “收购方刚刚收购标的就采取了妥协”。【二手资料】<br>“收购之初，我们公司状况不佳，厂房基本是空置的，没有订单，他们投入资金对我们进行生产设施的改造和现代化改造及新厂房的建设，翻新改造厂房、设备更新和新产品开发。”【二手资料】 |
| | | 快速合并双方品牌 | “我们的名字在被收购后立即被放在了我们中国集团的名字后面。”【总监 – 市场部 – 标的公司】 |
| | | 授予标的高度的自主权 | “原来的德国经理负责日常决策。”【二手资料】<br>“收购之初，只有一名德国总经理，中国当时从未派过中国经理来。”【总监 – 市场部 – 标的公司】 |
| | | 几乎没有沟通和活动协调收购方对标的冷漠 | “第一个中国 CEO 几乎什么都不在乎。说白了，他只是被中国集团派来这里拿养老金的。他对我们说，‘你们可以无视我的存在’。很多事情他都不做任何决定，因为他不想承担责任。他不会说德语或英语。每次会议他都需要他的翻译翻译每一句话，他自己也觉得沟通很累。”【总监 – 营销部 – 收购公司】 |

续表

| 三阶维度 | 二阶主题 | 一阶构造 | 示例 |
| --- | --- | --- | --- |
| 组织整合（收购后的第二、三年） | | | |
| | 组织保存（案例 A） | | |
| | | 无重大变化 | “其目前全球员工人数稳定在 3300 人，其德国工厂的员工人数变化不大。”【二手资料】<br>“海外子公司的很多总经理都换了，都是自己换了，我们没插手。”【副总经理】<br>“没有人想改变任何东西。”【创始人】 |
| | | CEO 的更换 | “CEO 在交易完成一年后离职。因为他觉得中国的层级管理让他很沮丧。他说管理层放慢了决策过程，阻碍了他启动整合的努力。”【二手资料】<br>“现任 CEO 与中国人建立了良好的信任基础。”【二手资料】 |
| | 组织优化（案例 BDE） | | |
| | 组织优化（案例 B） | | |
| | | 干预标的组织结构 | “我们实施了股权激励策略，将部分股权转让给一些德国高管，如果他们在 3 ~ 5 年后达到一定的业绩水平，我们将回购这些股份。这里的业绩包括综合能力的增长，而不仅仅是销售额或利润。他们的股份加起来几乎有十分之二的股份。去年，总部收回了这些股份。”【总监 - 采购与供应链部门】 |

续表

| 三阶维度 | 二阶主题 | 一阶构造 | 示例 |
| --- | --- | --- | --- |
| | | 整合标的与母公司的组织体系 | “他们德国经理都在内部升职，并加入了中国母公司的董事会。”【HR】<br>“现在，德国管理团队加入了中国董事会，意味着我们已经深度融合。他们在集团利益的前提下进一步发展德国子公司，与中国其他部门相互帮助，集团以实现更大的协同效应。”【总监 – 并购部】 |
| | 组织优化（案例 D） | | |
| | | 积极干预标的运营 | “它原来的销售部经理不能满足市场的要求和我们的期望，所以我们更换了他。我们重新聘请了一位之前在中国工作的负责销售的德国经理。另外，我们对整个销售进行了重组。部门又建立了一个新的销售团队，他们原来的销售人员几乎都被解雇了。销售是一个公司非常重要的部门，销售人员应该到外面去寻找客户和订单。但他们原来的销售只是坐在办公室里等待订单，而不是去市场和客户沟通抢订单，所以我们重组了他们的销售部门。现在新的销售人员非常活跃。他们也是德国人。他要求他们要么是与客户交谈，要么是在与客户交谈的路上。”【主管 – 技术部 – 收购公司】 |

续表

| 三阶维度 | 二阶主题 | 一阶构造 | 示例 |
| --- | --- | --- | --- |
| | | 整合标的与母公司的组织体系 | “一些中国员工被安排 / 安插在各个部门，他们不会关心具体的业务，但他们会把握它的方向。”【主管 – 技术部 – 收购公司】<br>“我们聘请了具有正确心态的新销售人员，以便在其他竞争对手公司中更具销售侵略性。在销售部门，我们在思维方式转变方面取得了最大的进步。”【首席联络官】 |
| | 组织优化（案例 E） | | |
| | | 积极干预标的运营 | “加强对子公司的内部审计和管控。以前，其业务经营无法达到国际标准。企业内部对非法律合规的理解范围普遍太窄，仅包括营销、销售、采购和职业道德。根据中国集团的说法，一份完整的合规报告还应涵盖财务报告、公司治理、公司管理、职责分离和第三方交易。”【二手资料】 |
| | | 整合标的与母公司的组织体系 | “接手后，他将子公司的一些管理职能收回到集团层面，如薪酬管理、人事任用、采购、营销和销售，并制定了专门的“集团规则”政策。按照他的计划，未来几年，本集团将继续推进子公司的管理优化。他称 “团体规则”为我们的“宪法” 。在《集团规则》中，对于财务、采购、销售等与公司经营相关的各个方面，明确了集团总部与子公司之间的职责分工，如哪些事项必须经我司总部批准，需要向我们总部报告的事项等。这条规则还在实践完善中，比如最近增加了子公司总经理个人业务费用报销、节假日审批等内容。”【二手资料】 |

续表

| 三阶维度 | 二阶主题 | 一阶构造 | 示例 |
| --- | --- | --- | --- |
| | 组织集中（案例CF） | | |
| | 组织集中（案例C） | | |
| | | 收购者控制一切 | “作为实习生，我离开公司后，她拒绝给我发一月份的工资。”【二手资料】<br>“管理层和授权人员经常武断地对员工不分青红皂白地解雇。”【二手资料】<br>“加班很多。工作气氛紧张。”【二手资料】 |
| | | 标的自主权被剥夺；<br>员工被解雇 | “我们有组织问题。我们缺乏做预算和决算的人。没有人能真正说明我们可以从一个订单中赚取多少。比如，他们以为一个订单能赚2万欧元，后来发现只能赚1000欧元，甚至亏1000欧元。有时是10倍的差距。由于加工过程非常复杂，有时还要进行热处理。我们将其加工并送到另一家工厂进行热处理。热处理后交付给客户。那么很可能是客户发现加工还是有偏差，返厂维修。修理零件特别麻烦。”【CEO】 |

续表

| 三阶维度 | 二阶主题 | 一阶构造 | 示例 |
|---|---|---|---|
| | 组织集中（案例 F） | | |
| | | 收购者控制了一切 | “他们中国人联合我们的销售团队，为我们指定中国采购供应商，调整技术资源、管理团队、组织架构、人员整合。”【二手资料】<br>“我们的中国 CEO 权力很大。设定工资，人员晋升，所有员工和项目，或者我们的设备是亏本还是不卖等，都由他来决定。他是在德国法院注册的法定代表人。他有权对公司的日常运营做出决策，就像任何德国的总经理一样。”【总监 – 营销部 – 目标公司】 |
| | | 标的自主权被剥夺；<br>员工被解雇 | “我们被收购后的前两年一直在亏钱，一直靠母公司赚钱。这位此前的德国首席执行官被解雇了。他们开始裁员。已经裁员一百多人，现在可能不到 200 人。裁员的时候，他们只是突然直接说让我们离开。”【总监 – 营销部 – 目标公司】<br>“即使前中国 CEO 和后中国 CEO 都是 CEO，他们的权力也不一样。因为欧洲业务集团总裁和我们第三任 CEO 关系不好，所以这个 CEO 的权利比较有限。”【并购部总监】 |

续表

| 三阶维度 | 二阶主题 | 一阶构造 | 示例 |
| --- | --- | --- | --- |
| 生产整合（收购后四年以上） | | | |
| | 生产保存（案例 A） | | |
| | | 保持生产、运营、市场等完全分开 | “德系侧泵仍然使用之前德国供应商的德国部件”【二手材料】<br>“自收购以来，中方并没有将生产转移到中国，而是瓜分了市场，在中国销售自己的泵，在世界其他地方销售德国公司的泵。德国的泵仍然是德国制造的。零件从以前的供应商处采购。这家德国公司是合并后公司的全球分销中心。”【二手资料】 |
| | 生产优化（案例 BDE） | | |
| | 生产优化（案例 B） | | |
| | | 有选择地升级标的生产和运营系统 | “当公司达到一定水平时，总是需要一些业务重组、流程再造、组织架构调整”【总监 – 采购与供应链部门】<br>“在稳步增长的基础上，比如一两年后，你就可以开始要求了。告诉他们我觉得你的增长太慢了，你需要大幅增加你的产量，他们可能会有一些阻力，但是这个时候你可能会说，我看你这边这些年一直在增长。但是你没有增长那么快，所以你可能不符合中方股东的要求。对于这些要求，你是基于合理的事实提出的。他们会明白的。”【总监 – 采购与供应链部门】 |

续表

| 三阶维度 | 二阶主题 | 一阶构造 | 示例 |
| --- | --- | --- | --- |
| | | 与母公司体系标准化 | “中方全面推广应用了中国 ERP 系统（SAP），保证了德方经营管理的有效性和及时性。”【二手资料】<br>“中国借鉴德国成熟的供应商审核选拔管理经验，优化亚洲供应商供应体系，构建以亚洲供应商为主导的供应体系。德国也开始使用亚洲供应系统。”【二手资料】<br>“进一步的整合趋势将变得更加标准化和集体化。”【总监－采购与供应链部门】 |
| | 生产优化（案例 D） | | |
| | | 有选择地升级标的生产和运营系统 | “中国收购方投资 5800 万欧元建新厂，产能从 15 万片增加到 25 万片。”【技术部门员工】<br>“中方教会了我们的是响应客户询问或产品周期的速度。”【技术部门员工】<br>“针对收购此前德国管理的种种短板，中国先是降低产品价格，与德日对手同价竞争。同时组建了 20 余人的研发团队在中国压路机、叉车、农机等八大产业市场发展。”【二手资料】 |

续表

| 三阶维度 | 二阶主题 | 一阶构造 | 示例 |
|---|---|---|---|
| | | 与母公司体系标准化 | “2015 年，德国高管积极向中方董事会提议，在中国建立合资企业。”【二手资料】<br>“中国收单机构统一使用 WOS 质量管理模型和实际数据。”【技术部门员工】<br>“合理分工——管理，德国负责内部采购和产品研发，中国负责销售服务和市场开拓”【二手资料】 |
| | 生产优化（案例 E） | | |
| | | 有选择地升级标的生产和运营系统 | “标的物利用中国现有产业资源扩大国际规模，利用中国现有生产经营管理理念‘改造’自身。”【二手资料】<br>“双方在设计、采购、营销、售后等环节无缝对接，目标逐渐融入中国集团整体运营体系，同时保持差异化和本土优势。”【二手资料】 |
| | | 与母公司体系标准化 | “更模块化、更全面的产品目录可供客户选择。例如，如果客户直接下单结合一些配件，我们可以直接生产产品。没有必要完全推翻之前的，然后再也不做设计和研发，浪费时间和人力。模块化之后，我们可以实现整个集团的高效设计，同时我们将更多的时间花在研发和技术创新上。管理更加模块化和团队效率更高。”【人事－技术部】 |

续表

| 三阶维度 | 二阶主题 | 一阶构造 | 示例 |
| --- | --- | --- | --- |
| | 生产混乱（案例CF） | | |
| | 生产混乱（案例C） | | |
| | | 标的核心业务混乱 | “他强迫我在质量控制部门做实习生上夜班，这太荒谬了。”【二手资料】<br>“他们总是会延迟付款，有时会拖到3个多月！”【二手资料】<br>“工作气氛紧张，无厘头的改制让在这家公司工作难上加难。”【二手资料】<br>“故意超支供应商货款”【二手资料】 |
| | 生产混乱（案例F） | | |
| | | 标的核心业务混乱 | “中国集团现在已经开发出一个新产品的原型，通过简单地减少德国大产品的工艺和精度，部分在中国制造，形成一个新品牌。在中国推出，但从未听说过已经卖了。客户说我看到了这台机器的样品，你们有真机吗？对不起，没有，只有这个样机，没有第二台，也没有真机。”【总监－营销部－收购公司】<br>“现在我们希望能回到原来的路，就是研发我们的设备，卖我们的机床。我们不想做一些其他的中国集团工作。我们只想专注于我们应该做的事情。”【总监－市场部－目标公司】 |

续表

| 三阶维度 | 二阶主题 | 一阶构造 | 示例 |
| --- | --- | --- | --- |
| 影响 CMNEs 动态整合路径的因素： | | | |
| 信息不对称；<br>战略地位<br>（初期几乎无整合） | | | |
| | 信息不对称（案例 ABDE） | | |
| | 信息不对称（案例 A） | | |
| | | 对中方整合能力不信任 | “德方已有数百年历史。管理质量很高，不平等的市场地位增加了并购后整合的阻力。”【二手资料】<br>“他们‘不听话’，认为我们的想法是错误的，他们是对的。”【副总经理】<br>“他们收购方多年来一直想收购我们，但我们拒绝了。这么多年来，他们抄袭了我们。”【创始人】 |

续表

| 三阶维度 | 二阶主题 | 一阶构造 | 示例 |
| --- | --- | --- | --- |
| | 信息不对称（案例B） | | |
| | | 需要时间互相了解 | “首先，德国是一个不喜欢改变的国家，他们为自己的能力和历史感到自豪。世界对德国能力的认可度很高。所以如果一开始就急于在收购之后做出一些改变，那是不太可取的，因为这会引起他们的抗拒。其次，每一个变化都有正面和负面的影响。一旦双方关系发生冲突，负面影响就会被无限放大。我认为应该稳步改变。如果母公司在这个行业和市场的地位不是那么强，那么你首先要了解德国公司运作的制度和程序，了解你的德国员工和同事，了解欧洲市场。当你了解清楚了，你就知道什么是好的，什么是坏的，然后一步步推动一些改变。如果是这样，他们的接受度会更高。他们会觉得没关系，中国人认识我们。在这种情况下，您可以澄清事实，然后提出一些改进建议。他们也愿意倾听和接受。另外，时间长了，德国员工也会过来告诉你，他们觉得公司哪里不好。其实他们也希望你能带领大家去修改完善这些不好的地方。”【总监－采购与供应链部门】 |

续表

| 三阶维度 | 二阶主题 | 一阶构造 | 示例 |
| --- | --- | --- | --- |
| | 信息不对称（案例D） | | |
| | | 需要时间互相了解 | “刚完成收购的时候，我们对德国的法律体系还不是很了解，所以多了解一些，多跟他们交流一下是很重要的。”【顾问委员会总监】<br>“当时大家对中国公司了解不多，以为被中国人买了就马上卖掉赚钱，就像金融投资一样，不是长线投资者，他们也很担心关于我们是否会窃取他们的技术并失去他们自己的竞争力和工作机会。”【首席联络官】 |
| | 信息不对称（案例E） | | |
| | | 需要时间互相了解 | “我觉得德国人有一种自豪感。他们被中国收购的时候，他们也很担心。起初，他们害怕中国人会购买技术，把工厂搬到劳动力更便宜的国家，把它关掉，然后离开。他（中国CEO）一开始很低调。他的理念是：我先不要太涉足他们，让我先观察一下这家公司在发生什么，这些德国员工有什么特点，他们怎么看我，我应该怎么去和他们沟通。”【总监－并购部】 |

续表

| 三阶维度 | 二阶主题 | 一阶构造 | 示例 |
|---|---|---|---|
| | 战略地位（案例 CF） | | |
| | 战略地位（案例 C） | | |
| | | 规模小 | “员工人数很少。”【二手资料】 |
| | | 战略地位低 | “她觉得她的基地在中国，德国这边没有忠诚的人。对她来说，这是‘无动于衷’。”【首席执行官】 |
| | | 较少的管理关注 | “我不觉得她对人才有任何尊重。没有。如果你想离开，她不在乎。”【HR 助理】<br>“她似乎不太关心工厂的生产。她经常带中国政府官员来访。他们实际上是为了旅游，而不是为了我们公司。”【副总裁】<br>“她没有时间直接管理我们，她太忙了，她在中国有很多财产。”【首席执行官】 |
| | 战略地位（案例 F） | | |
| | | 规模小 | “收货的初衷是为了获得技术；另外，当时的售价很便宜，就像免费的礼物一样。”【总监 – 并购部】<br>“我们公司很小，我们的客户是一个利基市场。如果一个客户取消了一个大订单，我们可能会受到德国反检察院的破产保护。”【总监 – 营销部门 – 目标公司】 |

续表

| 三阶维度 | 二阶主题 | 一阶构造 | 示例 |
| --- | --- | --- | --- |
| | | 战略地位低 | “曾经有一个非常重要的欧洲展会，我们想给我们公司展示一个更强大的面孔，而且预算也更多。但中国人的看法是，此时德国对他们来说可能并不重要。他们可能更看重中国市场和美国市场。欧洲目前并不那么重要。”【总监－营销部－目标公司】 |
| | | 较少的管理关注 | “他们说我们只是他们在外面养的情人”【总监－营销部－目标公司】<br>“他们‘不太关心’我们，实际上他们‘什么都不做’，因为他们没有决定权。我们可以看到，中国总经理要么不专心，要么管理不力。”【总监－营销部－目标公司】 |
| 动态能力（中期组织整合） | | | |
| | 感知潜在风险能力 | | |
| | 感知潜在风险能力（案例 A） | | |
| | | 感知标的内部管理缺陷 | “收购后对中国母公司的利润贡献微乎其微，只有 8% 左右。”【二手资料】<br>“其产品价格太高。德方虽然渠道广阔，但价格远高于其他欧洲竞争对手。”【二手资料】<br>“他们在中国比不上我们，一是服务跟不上客户需求，二是没有价格优势，这些都是客观原因。”【并购总监】 |

续表

| 三阶维度 | 二阶主题 | 一阶构造 | 示例 |
| --- | --- | --- | --- |
| | | 感知标的人力资本风险 | “现任 CEO 认可我们的中国资源，沟通能力更强，将积极响应我们分配的任务。他要寻求资源，利用中方给予的支持政策，对我们的要求做出回应。他还想了解国内的意图，并会参加中国母公司各部门董事长的会议。过去基本上都是我行我素，想什么就做什么。”【副总经理】 |
| | 感知潜在风险能力（案例 B） | | |
| | | 感知标的内部管理缺陷 | “在尽职调查中，我们使用毕马威会计师事务所进行财务和税务调查、律师事务所执业调查、项目协调和商业调查咨询，以及环境咨询公司进行环境评估。这也包括德国公司工会的合作调查和风险评估。同时提供在外部智库的支持下，中方还对德国各级管理人员和员工对中国买家的接受程度进行了详细的访谈和评估，综合考察为最终的收购决策和后期整合提供依据。”【全球并购负责人】 |
| | | 感知标的人力资本风险 | “德国人喜欢做百年企业，他们的理念是“我不用赚很多钱，只要我的生意不倒退，稳步增长即可。”中国股东可能需要一个五年计划或者十年计划，产量翻倍，利润翻倍，一开始会有很多摩擦和挑战，但到最后，如果德国团队理解并同意你的发展计划，他们就会放过没有朝这个方向努力。这很好。”【全球并购负责人】 |

续表

| 三阶维度 | 二阶主题 | 一阶构造 | 示例 |
| --- | --- | --- | --- |
| | 感知潜在风险能力（案例D） | | |
| | | 感知标的内部管理缺陷 | “他们曾经隶属于一家德国集团的子公司，很少关注市场。他们只关注技术和产品。他们没有过多关注外部市场客户的需求，不管客户想要什么。所以他们的问题是他们的产品和技术都很好，但是不符合客户的需求。不管有没有市场，他们都会做高端的产品。但现在被中国人收购，成为独立运营的独立公司，必须自己赚钱，面对外部市场需求。”【主管－技术部－收购公司】 |
| | | 感知标的人力资本风险 | “将对不承认中国的海外管理团队表现出强硬态度。价值观不一致或战略执行不一致的海外管理团队将被坚决更换。”【二手资料】<br>“我认为他们是完美的，我们有一个口号‘我们是唯一的’。这是所有工人的正确方式。”【主管－技术部门－标的公司】<br>“现在销售部都是德国新锐年轻人，他们有进取心，专注市场，更容易接受中国理念。”【主管－技术部门－标的公司】 |

续表

| 三阶维度 | 二阶主题 | 一阶构造 | 示例 |
| --- | --- | --- | --- |
| | 感知潜在风险能力（案例E） | | |
| | | 感知标的内部管理缺陷 | “不管成本如何，他们可能会接很多订单。例如，我们的技术部门一年只能生产 200 辆汽车，但销售人员一年可能会接到 800 个订单。我们如何生产？ 他们不计成本地投资了一些基础设施，并且在破产阶段签署了许多项目。毛利率严重偏低，部分项目销售价格甚至低于直接成本。中国人第一次来的时候，看到公司还在正常运转，没有感觉到任何异常。”【员工－技术部】 |
| | | 感知标的人力资本风险 | “事实上，一些公司派出的许多中国人已经被德国管理人员停职。我们的德国经理非常支持 CEO 和他的决定，这对于他的决定的实施仍然非常有用。我们的 COO 可以执行很多 CEO 的想法。他们的想法确实是一样的。他还认为，一些低效和不合理的程序必须改变。不管用什么方法，有时候太强硬什么的，他都会执行。他是一个活动家。例如，在更换生产线时，他立即开始进行更改。有一个部门行动缓慢。他对这个部门施加压力，员工们不由得立即改变。事实上，他的经营理念与之前家族的第四代掌门人并不相同。他认为，我们应该放眼世界，而不仅仅是德国。但我们以前的家族企业领导人并不这么认为。他们只是想在德国市场做得好，不想做大。所谓东西方的差异，就在于人与人的差异。选择合适的候选人，合并后的整合不再是问题。”【人事总监】 |

续表

| 三阶维度 | 二阶主题 | 一阶构造 | 示例 |
|---|---|---|---|
| | 感知潜在风险能力（案例C） | | |
| | | 感知标的内部管理缺陷 | “破产开始时，工厂入不敷出，德国员工恶毒地提高了工厂工人和所有员工的最低工资标准。每个人都懒惰工作，但想得到更多的钱。破产后，政府会给他们补贴，补贴是基于他们之前的工资基准。基本工资涨了之后，福利就不错了。当时的工作安排很畸形。临时选了一个厂长。就像消防员一样，他会监督有问题的项目，但实际上他并不了解这个领域。当时管理层也很混乱，下岗了很多人，留下了很多请了病假没来上班还拿工资的员工。剩下的员工也有问题。例如，即使客户不知道订单是否能赚钱，销售人员也会与客户签约。工作安排也很混乱。生产质量也有所下降。管理团队一直在变，前任经理还没来得及解职就走了，员工不明白发生了什么。不知怎的，它一直在亏钱。所以在收购之后，我们的中国女老板也忍不住插手了。但她也不知道如何管理”【CEO】 |

续表

| 三阶维度 | 二阶主题 | 一阶构造 | 示例 |
| --- | --- | --- | --- |
| | | 感知标的人力资本风险 | “没有人关心这家公司的生死。”【首席执行官】<br>“要有心理准备，除了选择公司，还要看清楚员工。如果公司很好，但员工不听你的，不配合你，你很快就会垮掉。”【CEO】<br>“她从一开始就不相信德国人，她总觉得德国人在骗她。他们本来可以用一些低成本的东西，但是他们会用一些高成本的东西来降低利润率。我们“不赚钱，亏钱。她把这些责任归咎于这些经理，并不断更换经理。”【首席执行官】 |
| | 感知潜在风险能力（案例F） | | |
| | | 感知标的内部管理缺陷和人力资本风险 | “在收购之前，中层管理人员的晋升出现了很大的问题，设备部长、设计部长等，我们员工都不知道他们是怎么晋升的，这些方面看起来很令人困惑。他们以什么标准提拔这个人？我不知道，在我看来，根本没有标准。”【总监－市场部－目标公司】 |

续表

| 三阶维度 | 二阶主题 | 一阶构造 | 示例 |
| --- | --- | --- | --- |
| 动态能力（长期生产整合） | | | |
| | 感知潜在发展能力 | | |
| | 感知潜在发展能力（案例 A） | | |
| | | 感知潜在发展趋势 | “我们之所以收购它，是因为它 60 多年来一直专注于混凝土机械的利基行业。我们希望利用其在发达国家成熟的销售网络。”【二手资料】<br>“如何进一步提高其运营能力，让它为我们做出更大的贡献。这方面还需要更多的努力。这个目标还没有达到各种原因”【首席联络官】 |
| | | 协同效应实现潜力 | “双方最大的矛盾还是集中在市场份额上。中国已承诺将除中国以外的全球混凝土机械市场让给德方。但现实情况是，德方还面临着其他强大的对手，表现不佳。”【二手资料】<br>“我认为我们的积分只有 50 分。我们觉得有很多协同的机会。我们希望此次收购能够帮助我们国际化。但这似乎远未实现。我认为我们之间的协同作用与我们的预期相去甚远。”【首席联络官】 |

续表

| 三阶维度 | 二阶主题 | 一阶构造 | 示例 |
| --- | --- | --- | --- |
| | 感知潜在发展能力（案例 B） | | |
| | | 感知潜在发展趋势 | “在快速发展的过程中，需要定期做一些调整和变化，以适应新的市场情况。”【总监 -HR】<br>“他们对亚洲市场的反应并不慢。母公司对他们的生产力没有坏意见。他们自己也很努力。”【并购部总监】 |
| | | 协同效应实现潜力 | “母公司能感受到危险，因为财务数据在不造假的情况下可以反映出很多问题。当存在隐患时，基本已经采取了相应的措施。”【并购部总监】<br>“如果它的市场只有德国或者欧洲，没有引进中国或者亚洲市场的可能，我们绝对不会考虑收购这家公司。目标公司与我们集团的协同潜力非常重要。”【董事 – 并购部】 |
| | 感知潜在发展能力（案例 D） | | |
| | | 感知潜在发展趋势 | “收购前，由于多年来只向原德国集团供货，产品品种严重不足；在渠道方面，他们在中国只有一家代理商。由于定价和代理价格较高，其液压元件的市场价格甚至比日本等国际一线产品高出 30% ~ 50%。由于缺乏市场意识，他们多年来从未有过降价促销，也从未想过要改变这种局面。”【二手资料】 |

续表

| 三阶维度 | 二阶主题 | 一阶构造 | 示例 |
| --- | --- | --- | --- |
| | | 协同效应实现潜力 | “中方收购方在选择收购公司时，重点关注目标的行业地位和关键核心技术优势，必须与中方现有业务有很强的协同效应；收购后，他们必须控制目标。”【二手资料】<br>“我们在一起有一场盛大的比赛。”【首席联络官】<br>“我们更加灵活，以市场为导向。他们更加严谨，面向高端产品。慢慢地，我们发现我们要发展成为一家以市场为导向、以产品为主导的公司。”【顾问委员会总监】 |
| | 感知潜在发展能力（案例 E） | | |
| | | 感知潜在发展趋势；协同效应实现潜力 | “我们确实是国企，但我们的管理模式不是很中国的国企风格。我们集团的 CEO 是一名职业经理人。中国国有企业的领导人一般都担任行政职务。但他没有。他是一位非常成功的职业经理人。因此，他的收入与普通国企领导不同。国有企业行政管理人员薪酬按行政职务计算，本公司管理人员薪酬按企业利润计算。所以，他的决定都是为了公司的发展，没有考虑很多政治问题。”【CEO】 |

续表

| 三阶维度 | 二阶主题 | 一阶构造 | 示例 |
| --- | --- | --- | --- |
| | 感知潜在发展能力（案例 C） | | |
| | | 感知潜在发展趋势 | “她对市场产品的变化没有自己的理解和预测。她的战略思路不清晰，没有坚持一贯的经营理念。她不信任她的经理。所以我们不能工作。”【CEO】<br>“她没有想太多，她认为我们收购后可能会亏损一点，这是可以接受的。但我们一开始就亏损了超过 100 万欧元一年，她感到爆炸。”【CEO】 |
| | | 协同效应实现潜力 | “她没有考虑协同问题。她当时买它可能是因为它真的很便宜。当时她赶上了德国的疯狂销售。她是第一个出来买的。”【CEO】<br>“在收购之前，她邀请了几个人来考察我们，但那不是专业的咨询团队，他们只是她的朋友，他们只是简单地看了我们一眼，告诉她：‘可以。有投资前景，可以在这里投资。’没有专业的团队帮她做尽职调查。”【CEO】 |

续表

| 三阶维度 | 二阶主题 | 一阶构造 | 示例 |
| --- | --- | --- | --- |
| | 感知潜在发展能力（案例 F） | | |
| | | 感知潜在发展趋势 | “这其实不是一家公司，而是一个政绩之地。对他们［收购方］来说这是一个政治利益集团。他们从来不把它当成一家公司，它是一个外部的政治载体，他们不在乎如果它是有利可图的。”【总监 – 营销部 – 收购公司】<br>“集团去年改组到现在，是因为整个机床行业的市场萎缩，我们在整个产品的销售和生产中总是存在一些问题，最大的问题是现金流。”【总监 – 市场部 – 目标公司】 |
| | | 协同效应实现潜力 | “母公司生产的机器实际上不是德国品牌。虽然是按照德国技术设计制作的，但是这款产品已经变得非常中国化了。价格下降了，但质量也下降了。然而，它对中国市场来说尤其昂贵。它有很多问题和需求不断修复。”【总监 – 市场部 – 目标公司】 |

续表

| 三阶维度 | 二阶主题 | 一阶构造 | 示例 |
| --- | --- | --- | --- |
| | 资本化能力 | | |
| | 资本化能力(案例A) | | |
| | | 利用标的资源的能力 | “我觉得语言障碍仍然是一个主要问题。员工不会说德语。如果你的语言不能说得很好，对方的情绪你就无法配合。CLO 未激活。你看，他甚至不会说德语。这太不可思议了，但事实就是如此。肯定有人学德语的。但这非常困难。我们这里的那些人几乎不会说德语。当你在这里有一家公司时，你必须有人会说他们的语言。他们没有。此外，信任是有限的。只有当您了解他们的语言和精神时，您才能信任他们。”【创始人】 |
| | 资本化能力(案例B) | | |
| | | 利用标的资源的能力 | “语言障碍对我们的员工来说不是大问题。工程级别以上而非操作员级别的员工可以说英语。高管之间的交流基本都是英语，因为毕竟对于大部分中国员工来说，德语是一门小语种，中国员工至今未必能掌握。但自收购以来，母公司倾向于招聘具有德国留学背景或懂德语的员工和人才。首选目标的母语，这样你可以更深入或更接近目标。”【全球并购负责人】 |

续表

| 三阶维度 | 二阶主题 | 一阶构造 | 示例 |
| --- | --- | --- | --- |
| | 资本化能力(案例D) | | |
| | | 利用标的资源的能力 | “我们的总经理有丰富的跨国公司管理经验。除了德国分公司，他还负责法国分公司、美国分公司、俄罗斯分公司。”【总监－技术部－收购公司】<br>“我认为英语是彼此交流和了解我们和他们的想法的最佳方式。当业务遍及整个世界时，你有说英语。我们都为全世界工作。我们有很多机会与来自不同国家的客户说英语。”【首席联络官】 |
| | 资本化能力(案例E) | | |
| | | 利用标的资源的能力 | “本来他们的市场只是德国国内市场，缺乏全球化视野和管理体系，缺乏现代上市公司的管理经验。在这方面，我们把自己的优势和他们很好地结合起来，让他们越来越国际化。比如他们从土耳其的订单，从每年只有几个，变成了2016年的100个。”【二手资料】<br>“我们的销售总监说：我们以前是典型的德国家族企业。我们的主要市场也在德国。然而，自收购以来，我们更加关注全球市场。我将它与以前的家族企业进行了比较。当时有很多限制，我感到无望。因为我看到了很多机会，而那些家族领导却看到了风险。”【二手资料】 |

续表

| 三阶维度 | 二阶主题 | 一阶构造 | 示例 |
|---|---|---|---|
| | 资本化能力（案例C） | | |
| | | 利用标的资源的能力 | “她姐姐不适合当导演，只是个不会德语也不会英语的家庭主妇。”【二手资料】<br>“管理层无法经营公司”。【二手资料】<br>“公司给 CEO 和高管一种强烈的不安全感。他们认为，如果公司继续按照女老板的管理理念运行，可能两三年内就会破产。”【人事助理】<br>“我们的二厂长是工人，没上过大学”【HR 助理】 |
| | 资本化能力（案例F） | | |
| | | 利用标的资源的能力 | “他们［收购方］对待我们更像是我们是他们的政治成就。他们在短期任职期间只关注我们表面的业务。转职升职后，就不用管我们了。他们已经取得了政治成就。”【员工－技术部】<br>“对于这种机构来说，这简直是小菜一碟！没有人愿意直接从中国贸易公司购买这种机器。没有服务，没有备件，什么都没有！”【二手资料】<br>“本来以为是好货，现在发现货太烂了！所有机器都有大问题，发货时没有订购选项，更糟糕的是他们［收单方］不关心服务！”【二手资料】 |